此书献给我的父亲

ISBN 978-7-121-25421-5

Ⅰ. ①网… Ⅱ. ①翟… Ⅲ. ①网络营销 Ⅳ. ①F713.36

中国版本图书馆CIP数据核字(2015)第010909号

策划编辑：林瑞和
责任编辑：王 静
印 刷：北京千鹤印刷有限公司
装 订：北京千鹤印刷有限公司
出版发行：电子工业出版社
北京市海淀区万寿路 173 信箱 邮编：100036
开 本：720 × 1000 1/16 印张：12 字数：174 千字
版 次：2015 年 4 月第 1 版
印 次：2015 年 4 月第 1 次印刷
印 数：4000 册 定价：49.00 元

凡所购买电子工业出版社图书有缺损问题，请向购买书店调换。若书店售缺，请与本社发行部联系，联系及邮购电话：（010）88254888。

质量投诉请发邮件至 zlts@phei.com.cn，盗版侵权举报请发邮件至 dbqq@phei.com.cn。

服务热线：（010）88258888。

内 容 简 介

本书是作者在网络营销领域摸爬滚打十年之后的经验总结，把当今互联网中几乎所有网络互动营销手段融会贯通，为大众指点营销迷津。本书文笔幽默，内容活泼，用最直白的网络用语，勾勒出各种网络营销手段的特点和优劣。

作者翟东胜是著名企业比亚迪的网络营销创始人，是网络营销最前沿的实干者，在实战中积累经验，绝不空谈，是本书区别于很多理论式教材的最大特点。

作者还开创了一些新式的营销手段，相信读者能在阅读之中体会到更多惊喜。

本书适合初创业的网络营销人员、网络营销学员，以及传统企业试水电商的掌门人阅读。

图书在版编目（CIP）数据

网络营销那些事儿：顶级营销专家的实战案例分享 / 翟东胜著. —北京：电子工业出版社，2015.4

前言

说实话，第一次接触“网络营销”、“互动营销”、电子商务”是笔者在上大学的时候，那些年，笔者还很单纯，这三个听起来很“拽”的专业名词给笔者的第一印象可以用网络上常用的一句话来形容——“虽然不明白什么意思，但是觉得很厉害的样子”！

【网络营销】

网络营销（On-line Marketing 或 E-Marketing）就是以互联网为基础，利用数字化的信息和网络媒体的交互性来辅助实现营销目标的一种新型的市场营销方式。

【电子商务】

“电子商务通常是指是在全球各地广泛的商业贸易活动中，在互联网开放的网络环境下，基于浏览器/服务器应用方式，买卖双方不谋面地进行各种商贸活动，实现消费者的……”

各位读者，请原谅笔者每次听到这些像唐僧念经一样“没事就长篇大论婆婆妈妈叽叽歪歪，就好像整天有一只苍蝇……对不起，不是一只，是一堆苍蝇围着你飞……飞到你的耳朵里面”的理论就烦，于是在概念解释部分笔者“手起刀落”地用了很多省略号，这下整个世界清净了。

现在，笔者决定将自己经过数年苦心研究和实践得出的结论，以图形的方式来为大家解释一下这些专业名词的关系，仅供参考：

观点 A: 电子商务是网络营销的组成部分

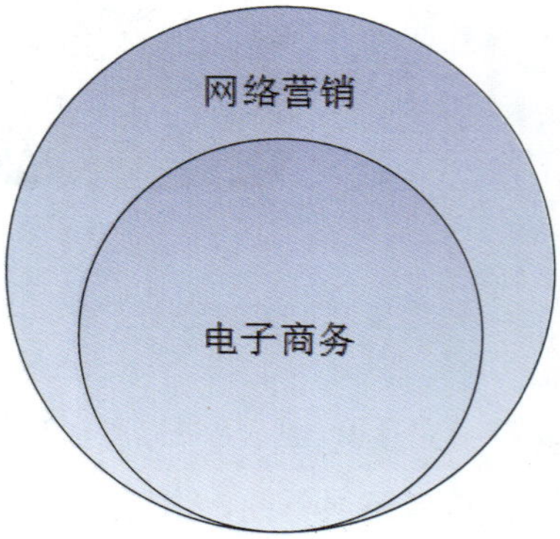

观点 B: 网络营销是电子商务的组成部分

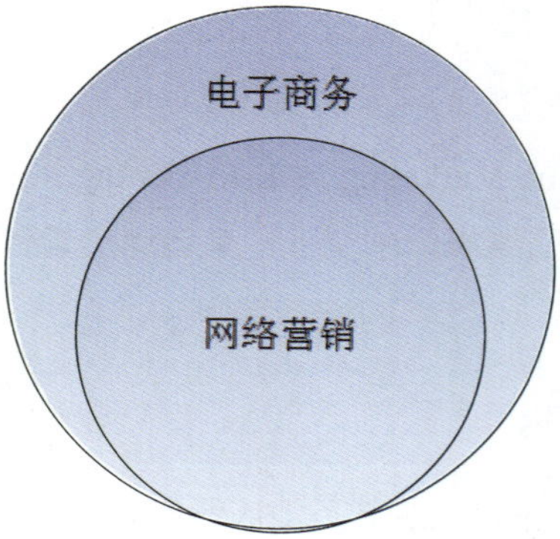

观点 C: 网络营销与电子商务有交集

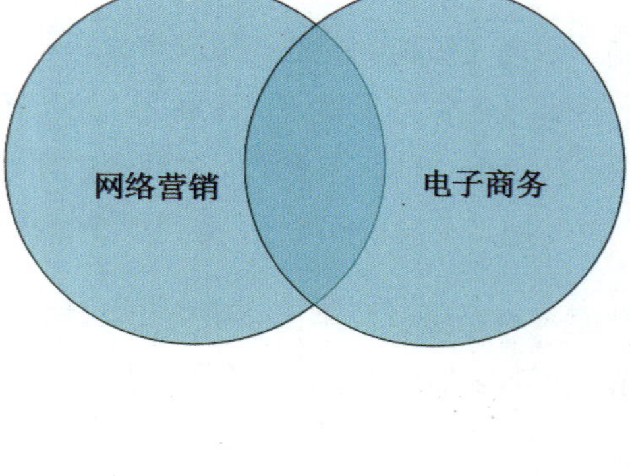

各位读者看完是否有一种“你不说我倒还明白，你越说我越糊涂了”的感觉？这就对了！因为不管是网络营销，还是电子商务，乃至营销界出现的互动营销、数字营销等都是一种基于互联网的营销手段，相互包含又相互独立，这主要看我们从什么角度去划分了，真的不需要过于纠结于其概念，如此而已。

作 者

目录

第1章

中国互联网现状

1.1 中国网民知多少

“我们的大中国啊，好大的一个家……”正如歌中唱到的，我们的大中国真的很大，于是造就了我们有很多方面居于世界第一，在此不一一赘述。

在计划生育政策依然风生水起的今天，我国仍以超过 13 亿的人口数位居世界人口第一大国，那么网民数量呢？在几年前我们还排在美国之后，没想到，短短几年的时间我国网民数便以迅雷不及掩耳之势一跃成为世界第一。

中国互联网络信息中心（CNNIC）第 34 次互联网发展报告统计显示：

- 截至 2014 年 6 月，我国网民规模达 6.32 亿人，相比 2013 年年底新增网民 1442 万人。互联网普及率为 46.9%，比 2013 年年底提升 1.1%。

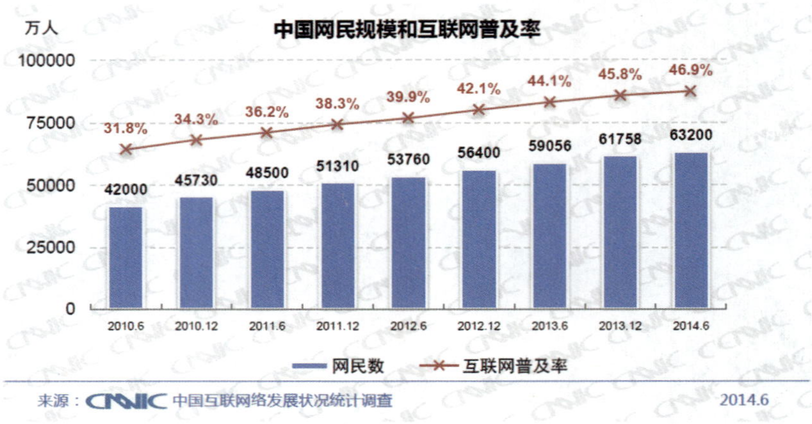

中国互联网规模和互联网普及率

- 截至 2014 年 6 月，我国手机网民规模达 5.27 亿人，相比 2013 年年底增加 2699 万人，网民中使用手机上网的网民比例为 83.4%，相比 2013 年年底上升了 2.4%。使用台式电脑和笔记本电脑上网的网民比例略有下降，分别为 69.6% 和 43.7%。

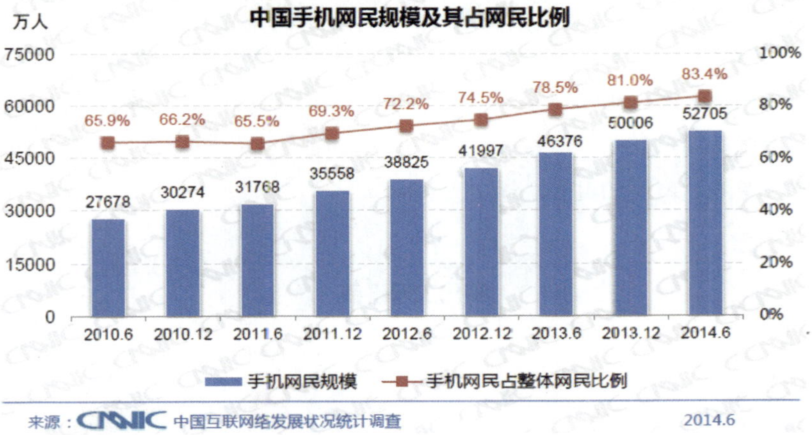

中国手机网民规模及网民比例

- 截至 2014 年 6 月，我国网民中农村网民占比为 28.2%，农村网民规模达 1.78 亿人，比 2013 年年底增加 169 万人。随着城市化进程加大，我国农村部分相对发达地区人口逐步转为城市人口，这导致农村网民在全国网民中的占比略有下降。

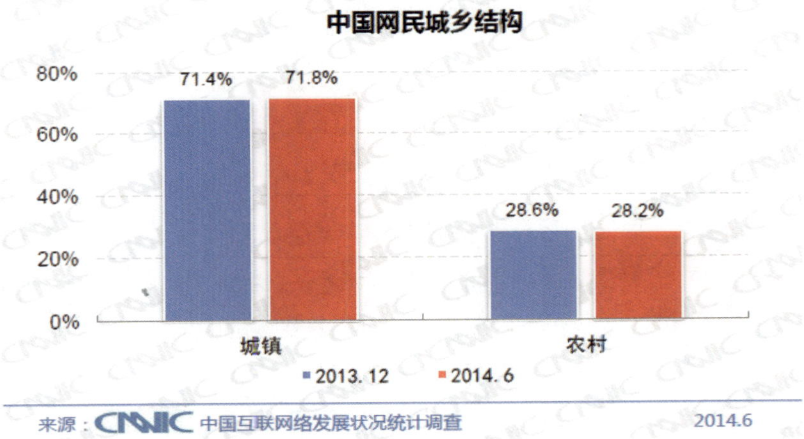

中国网民城乡结构

- 2014 年上半年，我国网民中使用手机上网的比例继续保持增长，从 81.0% 上升至 83.4%，增长 2.4%。通过台式电脑和笔记本电脑上网的网民比例则略有降低，2014 年我国网民使用手机上网比例（83.4%）首次超过传统 PC 上网比例（80.9%），手机作为第一大上网终端设备的地位更加巩固。

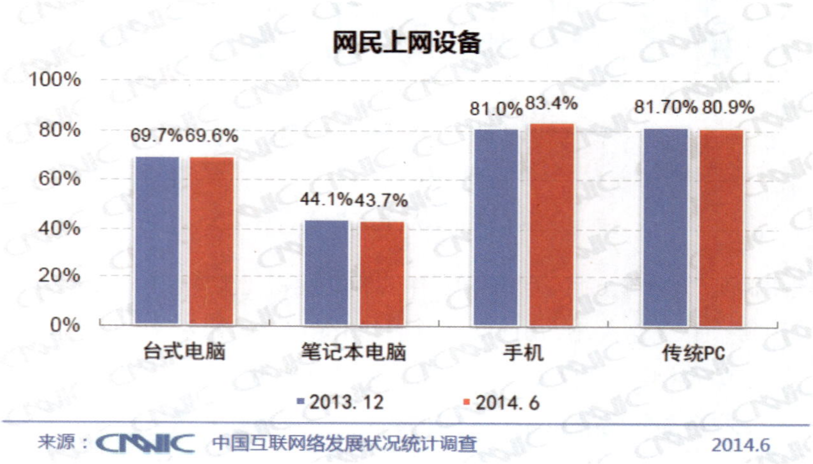

中国网民上网设备

1.2 中国网民怎么分布

不可否认，中国网民分布与城市经济发展程度有着明显的正比关系，发达城市的网民数量远超过普通城市的网民数量，由此，我们完全可以轻而易举推测中国内地网民的分布情况，以下为权威部门统计。

省份	网民数（万人）	普及率	网民规模增速	普及率排名
北京	1556	75.2%	6.7%	1
上海	1683	70.7%	4.8%	2
广东	6992	66.0%	5.5%	3
福建	2402	64.1%	5.4%	4
天津	866	61.3%	9.2%	5
浙江	3330	60.8%	3.4%	6
辽宁	2453	55.9%	11.6%	7
江苏	4095	51.7%	3.6%	8
新疆	1094	49.0%	13.7%	9
山西	1755	48.6%	10.4%	10
青海	274	47.8%	15.1%	11
河北	3389	46.5%	12.7%	12
海南	411	46.4%	7.0%	13
陕西	1689	45.0%	8.9%	14
山东	4329	44.7%	12.0%	15
重庆	1293	43.9%	8.2%	16
内蒙古	1093	43.9%	13.3%	17
宁夏	283	43.7%	9.7%	18
湖北	2491	43.1%	7.9%	19
吉林	1163	42.3%	9.5%	20
黑龙江	1514	39.5%	13.9%	21
广西	1774	37.9%	11.9%	22
西藏	115	37.4%	13.9%	23
湖南	2410	36.3%	9.5%	24
安徽	2150	35.9%	15.0%	25
四川	2835	35.1%	10.7%	26
河南	3283	34.9%	15.0%	27
甘肃	894	34.7%	12.5%	28
贵州	1146	32.9%	15.6%	29
云南	1528	32.8%	15.7%	30
江西	1468	32.6%	15.9%	31
中国内地	61758	45.8%	9.5%	--

2012—2013 年中国内地各省（市、自治区）网民规模和互联网普及率

1.3 网民上网都在干什么

在 21 世纪初期，上网看起来似乎是一件无比奢侈的事情，上网代表着高科技、富有、上流社会，就像在当年手机尚未普及时代中的大哥大。

时至今日，随着电脑、智能手机的普及，以及网络宽带费用的下降，电话线、光纤迅速铺到了中国的千家万户，似乎分分钟就要实现“人人有网上”，此时，上网开始代表着一种时尚。

那么“网虫”们（现在说“网虫”这个词都有些落伍了）上网而不打鱼，又在做些什么呢？记得贾君鹏当年是在全国网民吼着“贾君鹏，你妈妈喊你回家吃饭！”的情况下，淡定地在网吧中打着魔兽；老太太们都已不再一大清早奔向菜市，而是半夜三更爬起“偷菜”……回想起来这些都历历在目。

风靡一时的“贾君鹏事件”

由下面的权威报告可见，绝大多数网民还是最喜欢上网聊天，建议中国互联网信息中心下次做统计报告的时候统计一下中国有多少 QQ 用户，有多少微信用户。

	2013 年		2012 年		
应用	用户规模（万）	网民使用率	用户规模（万）	网民使用率	年增长率
即时通信	53215	86.2%	46775	82.9%	13.8%
网络新闻[4]	49132	79.6%	46092	78.0%	6.6%
搜索引擎	48966	79.3%	45110	80.0%	8.5%
网络音乐	45312	73.4%	43586	77.3%	4.0%
博客/个人空间	43658	70.7%	37299	66.1%	17.0%
网络视频	42820	69.3%	37183	65.9%	15.2%
网络游戏	33803	54.7%	33569	59.5%	0.7%
网络购物	30189	48.9%	24202	42.9%	24.7%
微博	28078	45.5%	30861	54.7%	-9.0%
社交网站	27769	45.0%	27505	48.8%	1.0%
网络文学	27441	44.4%	23344	41.4%	17.6%
网上支付	26020	42.1%	22065	39.1%	17.9%
电子邮件	25921	42.0%	25080	44.5%	3.4%
网上银行	25006	40.5%	22148	39.3%	12.9%

中国网民对各类网络应用的使用率

QQ 和微信

第 2 章

龙飞凤舞的网络营销实战案例解析

2.1 Q&A问答营销，王婆卖瓜的升级版

初闻“Q&A”是在10年前一个高端的营销峰会上，那时候的笔者刚毕业，就像刚出生的喜羊羊，对整个世界都充满了好奇，这两个简单的字母组合在那个时候听起来是多么得“高大上”，而今回头去看，发明这个词的人是多么装腔作势。

Q&A是Questions and Answers的意思，即问与答。

曾经的中国首富李彦宏先生在1995年创立了百度，时至今日，百度已成为中国网民上网搜索时使用率最高的搜索引擎网站（没有之一），可以说处于垄断地位（由于各种原因这里就不提及了Google）。因此基于百度的各种网络营销手段应运而生，Q&A也诞生了。

下面先来举一个例子。

第1步：在百度中搜索“比亚迪S6怎么样”，显示结果如下图所示。

第 2 步：单击排在第一的问题，显示如下图所示。

比亚迪S6质量怎么样？

我一个好人是 | 分类：汽车购买 | 浏览264705次 | 该问题已经合并到>> 2011-09-21 13:10

意向车型：比亚迪 S6

比对方面：质量

让提问更快解答，知道客户端下载

提问者采纳 2011-09-21 13:52

比亚迪 S6：强烈推荐

性价比好，空间大，漂亮，安全性好

全车很多用的博世的配件；

玻璃和保时捷卡宴的玻璃一个厂家！

提问者评价 谢谢

评论(71) | 291

johntao87 | 六级 采纳率16%

擅长：笔记本电脑 购车养车 足球 赛车/F1 马鞍山市

hezhenv | 二级 2011-09-21 16:17

配置比较高，相对它的价格，性价格还是非常不错的

如果你的预算在12万～15万元又想买辆SUV，S6还是个非常不错的选择

评论(19) | 137

热心网友 2011-09-22 17:05

比亚迪S6在车辆安全性的打造上可谓下足功夫。S6采用"3H"高强度全方位碰撞吸能安全车身结构以及整体钢板冲压侧围，加大了车身侧围、顶部、地板抗冲击强度，而且其前后防撞钢梁厚度分别达到了4.0mm和3.2mm,有效增强了车辆的防撞性能。S6前排双SRS安全气囊、前排侧SRS安全气囊、窗帘式SRS安全气囊、前排预紧式安全带、儿童座椅固定装置等全面细致的安全防护配置则有效保障了乘员的人身安全。

评论(14) | 85

不知道看到这几幅截图的时候，读者会有何感想，而每当笔者看到这些截图时，一定会有一种“往事涌上心头”的感慨。2006 年笔者和笔者的团队开始兢兢业业地摸索着各种互联网营销的手段……此处省略一万字，你们懂的。

中国有6.32亿的网民，作为普通消费者，一旦有了产品购买需求的时候便会习惯性地上网“百度”一下。而这种习惯性的行为对于敏感的营销人来讲便是机会来了！

“自问自答？！”没错，这是一个非常不错的推广品牌和产品的网络营销手段。我们本身不就是中国6.32亿个网民中的一员吗？所以我们完全可以肆无忌惮地以各种提问者的身份来提出各种龙飞凤舞的问题，而当我们华丽地转身换一个“马甲”账号后，又何尝不能摇身一变成为一名再普通不过的热心网友去回答这个问题呢？于是，提问者与回答者在瞬间被我们灵魂附体，“最佳答案”或被“提问者采纳”的优秀答案就这样顺理成章地被我们控制了。

说到这里，你是不是有点觉得笔者在教读者如何死皮赖脸地上演一出“王婆卖瓜”升级版呢？不要这么想，对于任何一个品牌或产品，即使其质量再牛，在合理范围内的自卖自夸是一定需要的，这就是口碑塑造。

读到这里，一定会有人认为，这点雕虫小技何足挂齿呢？对这样的人，笔者只能说，少年，你太轻狂了，还是谦虚低调一些吧。不要以为 Q&A 问答营销看似简单，而真正运作起来是有很多的细节和技巧要注意的，忽略了任何一点都会影响到问答营销的效果，甚至起到负面作用。

2.1.1 Q&A 问答营销的大原则

（1）首先，自身的品牌及产品必须是真材实料，在市场上要具备一定的竞争力，例如品质、价格、服务、性价比等要有相应的优势，否则只能在短期愚弄一些过于纯洁的消费者，是长久不了的。这一点是做问答营销的前提。

要有“真材实料”

（2）充当回答者时，一定要把握尺度，过度吹嘘只会适得其反，笔者经常给自己的团队强调，如果我们能做到 100，我们允许说到 120，但要说到 200 那就过头了，拒绝浮夸。

浮夸就不好了

（3）充当提问者时，一定要完全把自己置身于普通消费者之中，模拟普通消费者各种习惯性的提问方式，一方面确保提问容易被“网络蜘蛛”高频次搜索到，另一方面也可以提高答案的可信度。

学会置身其中

（4）Q&A 问答营销一定要保证一定的提问频次和回答频次，这样才能看到营销的效果，所以营销者必须长期坚持去做这项工作，方会看到意想不到的累积效应。

储钱罐原理，会积累才有大财富

2.1.2 Q&A 问答营销的小细节

（1）作为提问者，如果能在提问时增加“悬赏”的金币，可以达到可信度显著增强的效果。

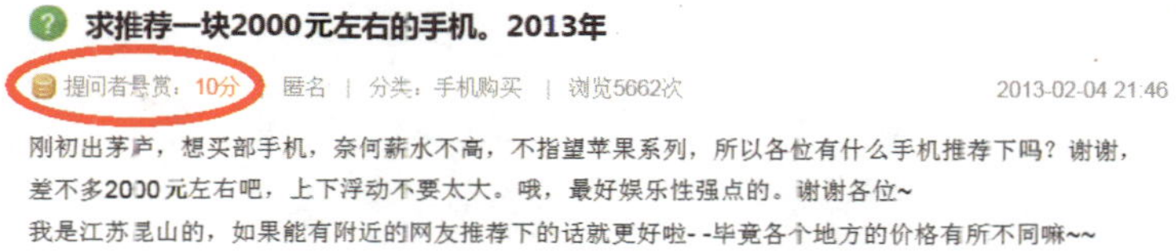

（2）“赞”是基于其他网友对一个提问回答的满意程度，点赞的人越多回答的可信度越高。

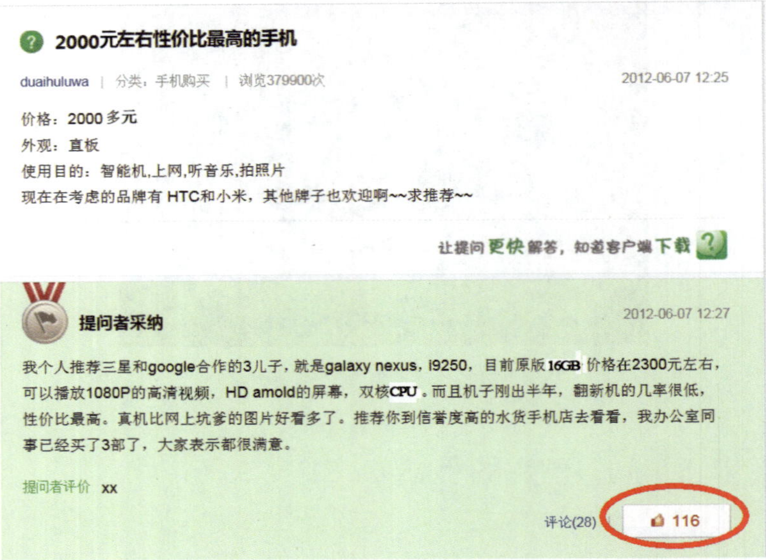

（3）回答问题切忌太“软”。“××× 好，××× 妙，××× 就是呱呱叫！”这样的回答谁会信?

（4）为达到更高的可信度，应该多换不同的“马甲”账号进行回答，同时要“正负”结合，正面回答要多且占据多数，负面回答也要确保一定的数量，并且负面回答只挑选一些消费者看似不痛不痒的方面去描述。

（5）除百度知道问答平台以外，目前比较热门的问答平台也应该覆盖，在此建议值得用心去运作问答营销的平台还应该包括：腾讯 soso、新浪爱问（iask）、天涯问答等。

2.1.3 Q&A 问答平台是发展演变的

随着问答营销的发展，百度、腾讯 soso 等也都觉察到了这一领域的重要性，在 2012 年，百度、腾讯 soso 等相继对“百度知道”“腾讯 soso”平台开始征集“知道专家”来为网友提供更专业的问答服务，进一步提升互动性和问答的可信度。那么作为营销者，你是否察觉到又有新的机会来临了呢？在此笔者就不再重复赘述了，请读者通过上文的说明拓展思路。

百度知道专家频道

腾讯 soso 问问专家频道

2.1.4 Q&A 问答营销无敌的性价比优势

Q&A 问答营销的性价比优势相当明显，只需要少数的几个人便能随时随地开展，同时展现效果可随时评估。如下图所示，仅这一个问题便已经有数十万的浏览量，可以说这个问题影响了几十万个网友，随着网友的不断搜索，浏览量会持续增加，营销效果也会持续增强，其效果是其他所有形式的硬广告无法达到的，用“无敌”一词来形容也不足为过了。

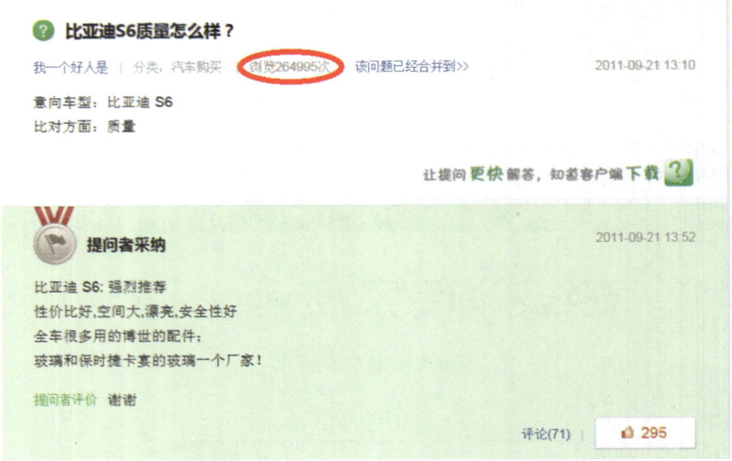

2.1.5 趣味性问答方式举例

除实用性的 Q&A 问答营销方式外，趣味性的问答方式往往会起到不错的营销效果，以下列举一些有趣的问答案例，希望对读者们能有所启发。

例 1：各种趣味的问答广告

最开始的问题如下图所示。于是各种各样的产品广告式“吐槽”就出现了。你有没有发现营销的机会?

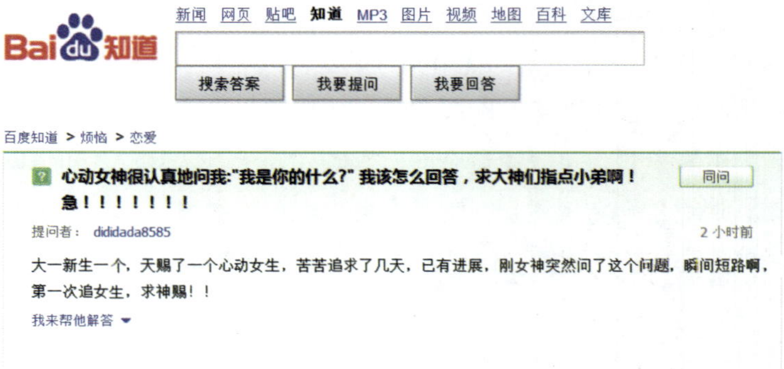

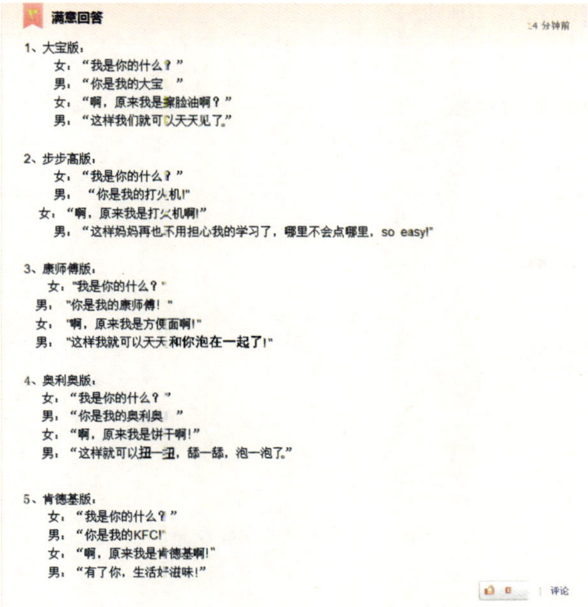

满意回答

1、大宝版：
女："我是你的什么？"
男："你是我的大宝"
女："啊，原来我是擦脸油啊？"
男："这样我们就可以天天见了。"

2、步步高版：
女："我是你的什么？"
男："你是我的打火机！"
女："啊，原来我是打火机啊！"
男："这样妈妈再也不用担心我的学习了，哪里不会点哪里，so easy!"

3、康师傅版：
女："我是你的什么？"
男："你是我的康师傅！"
女："啊，原来我是方便面啊！"
男："这样我就可以天天和你泡在一起了！"

4、奥利奥版：
女："我是你的什么？"
男："你是我的奥利奥"
女："啊，原来我是饼干啊！"
男："这样就可以扭一扭，舔一舔，泡一泡了。"

5、肯德基版：
女："我是你的什么？"
男："你是我的KFC!"
女："啊，原来我是肯德基啊！"
男："有了你，生活好滋味！"

评论

各种趣味的问答广告

例 2：iPhone 的趣味问答广告

有趣的 iPhone 问答广告

例 3：趣味问答引围观

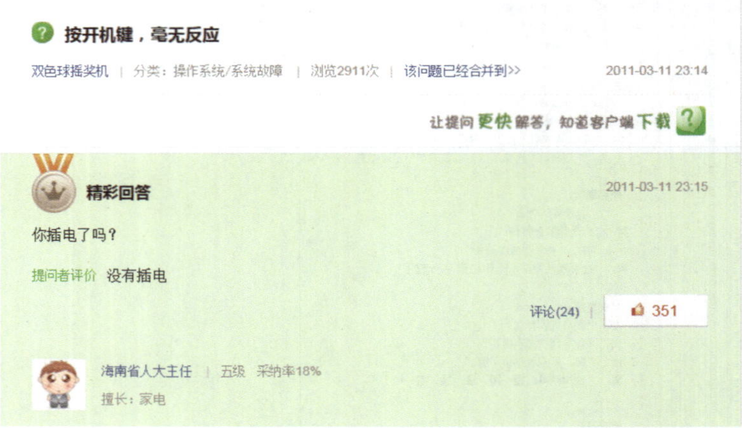

有趣的问答常常阅读率比较高

看到这些有趣的问答，你是否有将其分享给别人让别人笑一笑的冲动呢？可见，娱乐性的问答方式也是一种十分有效的推广手段。

最后，再多说一句，Q&A 问答营销既然是一种性价比高、效果明显的品牌和产品正面推广手段，反过来被别有用心的人利用同样也会对品牌和产品造成负面的打击。在此，提醒从事网络营销的人们：要坚决抵制恶意攻击对手的卑劣行为，出来混总是要还的！

2.2 病毒营销——每个没有传染性的病毒都是折翼的“天使”

病毒，听起来很吓人，从 SARS 到 HxNx，在现实生活中人们往往“谈毒色变”。在互联网中，那些木马、流氓软件之类的病毒软件也着实让“菜鸟”网民们束手无策。那么，病毒和营销又是如何“勾搭”在一起的呢？

病毒营销：英文名 Viral Marketing，即通过用户的口碑宣传，在网络上信息像病毒一样传播和扩散，利用快速复制的方式传向数以千计、数以百万计的受众。也就是说，通过提供有价值的产品或服务，“让大家告诉大家”，通过让别人为你宣传，实现“营销杠杆”的作用。病毒式营销已经成为网络营销中最为独特的手段，被越来越多的商家和网站成功利用。

接下来，让我们借用一个曾经风靡网络的案例来体验一下病毒营销吧！

贾君鹏，一个如雷贯耳、神一样的名字，如果你没听说过，那可真是孤陋寡闻。

2009 年 7 月 16 日，互联网上发表了一篇名为《贾君鹏你妈妈喊你回家吃饭》的帖子，在短短不到 3 小时被 39 万名网友浏览，招来超过 1.7 万条的回复，并在接下来的一天时间内吸引了 710 万个点击及 30 万条回复，堪称“网络第一神帖”，如下图所示。

网上流传的“贾君鹏”事件图片

这篇主题为《贾君鹏你妈妈喊你回家吃饭》的帖子，正文内容只有“RT”（网络用语，“如题”的意思）两个字母，比大多网上的“太监帖”更简单，它何德何能有如此大的威力呢？下面让我们探讨一下它的炒作过程吧！

2.2.1 “贾君鹏”事件发生过程

1. 选择炒作地发帖

此帖子的发帖地为百度贴吧的“魔兽世界吧”，帖子内容只有“RT”两个字母，如下图所示。

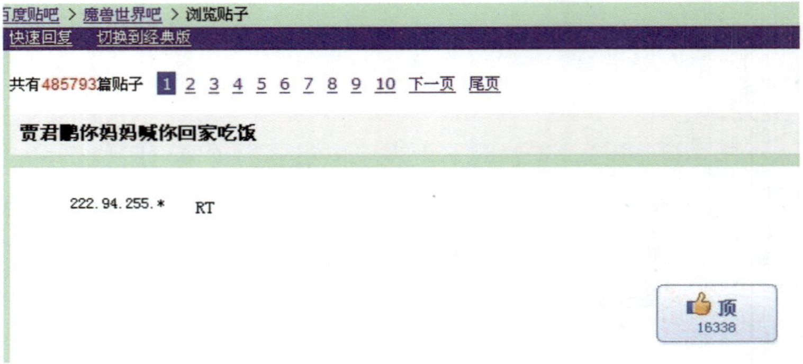

原帖内容只有“RT”两个字母

2. 动用“水军”大量回帖互动

“水军”们在网上回帖：“知道了，真烦”“我今天不回去吃饭，我现在在网吧吃饭呢，你帮我向妈妈说一下”“快回去吃饭！你妈妈拿皮带站在家门口呢”“你妈妈说你再不回去，喊你爸爸把网吧砸了”等。一些“水军”们把自己的网名改为“贾君鹏妈妈”“贾君鹏姥爷”“贾君鹏二姨妈”“贾君鹏女友”……俨然成为一个庞大的“贾君鹏家庭”。而此时，许多网友也已经自发加入到其中，很快便引发了网络“过家家”效应，影响力巨大。贾君鹏的神秘引起众多“不明真相”的网友围观，他们强烈地想要知道究竟谁是“贾君鹏”，并期待有高人能尽快将这件事详细解释。于是，在百度、腾讯搜搜、新浪爱问等多处问答平台，出现了大量“人肉贾君鹏”的帖子，但一直没有“知情人士”出来解释，此帖子在短短五六个小时被 390617 名网友浏览，回复超过 1.7 万条。

3. 各种娱乐恶搞扑面而来

逐渐地，“贾君鹏”事件已开始脱离原帖，成为网上“恶搞”新宠，不少网友加入“恶搞”的大军中，在网络上肆无忌惮地发表自己创作的“贾君鹏”故事及图像处理作品。

（1）有人以《史记》列传的形式杜撰“贾君鹏”的故事，现节选如下，供读者欣赏

史记贾君鹏列传

贾君鹏者，字饭否，生年不详，盖束冠之年，虽长于乡间，然早识文物，彬彬不异于市民。有母尚在，于家务农……鹏于舞勺之年初识电脑，称奇之声不绝于口。所谓初年能开机，次年识游戏，一朝入魔兽，从此沉溺斯。

初，其母尚能觅其踪影，劝其用膳；久之，鹏不胜其烦，遂离家愈远，归家愈疏。其母茕茕孑立，终日只知以泪洗面。世之谓古来慈母皆寂寞。

七月十六日晨，鹏已三日未曾归家，其母甚忧，惶恐难食，遂遣一亲友于鹏之常驻贴吧发帖，言简意赅，情深意浓，见者无不潸然泪下，万人同寻之……（此处省略一万个字。）

（2）还有很多“雷人”的图像处理作品

4．引发媒体关注，影响扩大，借势继续扩大影响

伴随着事件的扩大，网络中出现各种“贾君鹏体”，例如“×××，回家吃饭”类格式等。新浪、猫扑、网易、凤凰、QQ 新闻及多家网站与论坛，也纷纷发表了关于此帖的新闻，由于爆炸式的影响，各大平面媒体、电视媒体也不得不就此热门事件进行报道，名人们也开始利用“贾君鹏体”相互调侃，并迅速延伸至商业手段。一家手机店铺给一款手机打出广告：“贾君鹏，你妈给你买手机了。”印有“贾君鹏你妈妈喊你回家吃饭”字样的 T 恤衫，售价为 35 元至 80 元，众多网购产品均用上了“贾君鹏温情推荐”等广告语。宁波一家公司附近的献血点出现了一张宣传语：“贾君鹏——你妈妈叫你来献血”。

网上流传的宁波某公司附近献血点的献血宣传画面

淘宝上对“贾君鹏”事件“恶搞”的宝贝

可口可乐与“贾君鹏”事件的结合广告

因为是热点事件，各媒体不得不跟风进行报道。

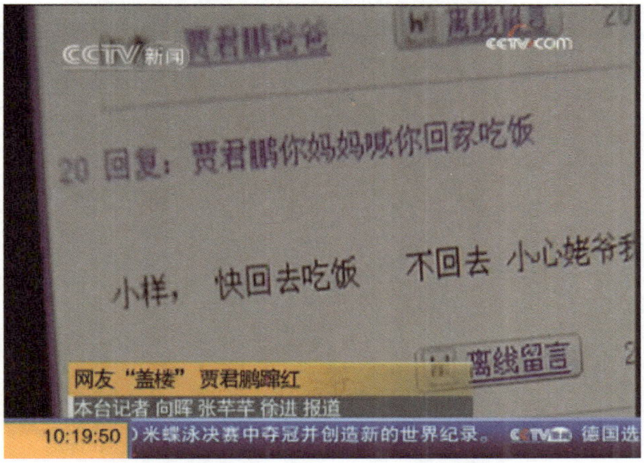

央视报道“贾君鹏”事件

華商報
福彩双色球又出两注千万大奖
今晚奖池高达2.5亿元
《望长安》明起央视播出
这是首部以文化视角深度解读陕西人文历史的电视系列片
12字网帖赚了“6位数”
贾君鹏的秘密
出品：北京一传媒公司
主演：贾君鹏
阿基诺夫人曾到福建寻根

《华商报》报道“贾君鹏”事件

A II 8 网闻·理论 广州日报

"贾君鹏你妈妈喊你回家吃饭"被网友称为当今网络第一神帖

贾君鹏数小时红透网络

贾君鹏是谁?

都市"捏捏族"：心烦就去超市捏方便面

"哥只是个传说"成网络恶搞经典流行语

《广州日报》报道"贾君鹏"事件

安徽电视台《帮女郎》栏目美女主持人吴婷看到短信平台的一条短信时，照着念了出来："合肥的贾君鹏，快回家吧，你老婆要生了，别看电视了，快去医院吧。"念完以后吴婷还带着微笑恭喜贾君鹏："可能这位贾兄还不知道这个喜事，恭喜你，你要当爹了，赶紧去医院。"从神情上看，这位美女主持人似乎还不知道"贾君鹏"事件。

安徽电视台美女主持遭"贾君鹏"事件"开涮"

当此事件到达一定的热度后，互联网上开始有人揭秘：名叫贾君鹏的小孩在网吧玩《魔兽世界》玩到乐而忘返，其母亲只有求助于认识贾君鹏的好友，而该好友就在游戏内发出公告“贾君鹏你妈妈喊你回家吃饭”。网友们大多如此猜测。

5. 连锁反应上升至社会问题

互联网爆炸式的传播及各大媒体的报道，迅速将此事上升到社会问题，教育专家将“贾君鹏”事件延伸到“家长与孩子沟通”问题，社会专家认为这是一种“80 后”的怀旧情结，心理专家就“贾君鹏”事件讨论当今社会人们的“寂寞”问题，等等。总之，“贾君鹏”火了。

2.2.2 “贾君鹏”事件的背后真相

1. “贾君鹏”事件的背后是《魔兽世界》的炒作

“贾君鹏”事件源于《魔兽世界》游戏服务器暂时停机，众多玩家无游戏可玩，《魔兽世界》故制造此次事件以免由于暂停服务器而损失过多玩家。

2. 炒作地选择“魔兽世界吧”的理由

据统计，百度贴吧的“魔兽世界吧”月活跃用户为 293 万人，累计发帖数 3 亿条，号称是百度第二大帖吧。

3. 触动情感

据不完全统计，《魔兽世界》中大多数的玩家为“80 后”，随着年龄的增长，他们开始喜欢回忆，事件策划者很精确地抓住了他们的这个特点，狠狠地勾起了他们儿时的回忆，正如网络佚名的高人写的：

依然有人问，贾君鹏是谁

不管认不认识他，这都不重要

只是，贾君鹏，带我们回了家

“贾君鹏你妈妈喊你回家吃饭”

看似诙谐好笑的一句话

……

却夹带起我们心中一串幸福也苦涩的回忆

……

短信内容也很容易理解——有人在等你回家吃饭

一份简单的亲情寄托

看似平常但却珍贵的机会

往往都会从我们手中悄然消逝

……

饭，或许淡而无味，或许微不足道

但是依然温馨暖人

4．网络“恶搞”，娱乐精神

互联网中的网民大都具备很“闷骚”的娱乐精神，图片处理“恶搞”、故事杜撰、吟诗作赋，以及有才的文艺青年为贾君鹏创作MV《我不是贾君鹏》，加上一些跟风的商业炒作的出现，让此事件狠狠地娱乐了大众一把。

5. 上升至社会问题

网络的爆炒、媒体的报道、专家的解读，让“贾君鹏”事件上升到了社会问题，成为热门社会事件。

《魔兽世界》本次的炒作最初的设计是针对其玩家，却一不小心吸引了大众的目光，虽然对于这一说法很多人并不认同，他们认为看热闹的人们可能还不一定知道这个事件和《魔兽世界》的关系，但无论如何，本次炒作提升了《魔兽世界》的热度，超出了其预期的成功，而这次事件的推手也因此赚到了 6 位数的酬劳。在第七届“中国营销盛典”上，该案例被评为 2009 年度最佳互动营销事件。

再推荐一个只达到了娱乐效果，而忽略了营销本身的知名的事件营销案例，即“杜甫很忙”。据说“杜甫很忙”事件是为一家博物馆进行的事件炒作，虽然炒作结果对此博物馆贡献不大，但其衍生出的“包大人很忙”事件的作者已经出书了，至此，笔者对事件营销的描述就到这里吧……因为，大家都很忙……

2.3 事件营销——捡起那碎了一地的节操

说到事件营销，笔者并不愿像各大营销书籍和百度百科那样将它描述得如何高端、大气、上档次——自然也不能过于低端、粗俗了。

所谓事件营销，简单地讲便是通过策划具有影响力的事件来引起受众强烈关注，以达到增强品牌、产品等事物曝光度或美誉度等目的的一种营销手段。我这样的解释是否略显低调、有内涵一些？

大家常见的一些事件营销手法有：例如某位女明星与某位男明星又要分手了，这是本年度他们第 *N* 次被曝分手了，而这个“*N*”取决于他们新戏上映的次数；又例如，某位篮球国手被拍到与一位妙龄女郎在深夜约会，在偷拍过程中曝光了一系列品牌的 LOGO……

这些比较“毁三观”“碎节操”的下三滥营销手法，大家知道就可以了。笔者会从另一个角度结合当下热点，展开对事件营销的阐述。

首先，从比较具有正能量的“封杀王老吉”事件营销说起吧！

第一步，结合热点，制造话题

2008 年最大的热点事件莫过于汶川地震，这次继唐山地震以来最大的一次地震牵动着全国人民的心，全国人民齐心协力、众志成城与灾难抗争，对于大多数每天只能看着、祈祷着的灾区以外的人们来讲，捐款成了他们为灾区所能做的唯一有意义的事情。同年 5 月 18 日，也就是汶川地震后的第 6 天，中央电视台一号演播大厅迅速组织了一场《爱的奉献》抗震救灾大型募捐活动，无论是有心还是无意，似乎大多数的捐款企业与观众心里都在暗暗地较量，看谁捐得多，谁捐得少，此时，加多宝集团副总经理代表其公司向四川灾区捐款人民币 1 亿元，成为当天单笔捐款最多的企业，也成为全国人民关注的焦点，事件就是这样开始的。当然我们绝不能说加多宝为了做这次事件营销刻意捐款 1 亿元，我相信一定是捐款在前，营销在后。

当时拥有王老吉品牌的加多宝公司捐款 1 亿元人民币

第二步，人为引导，增加热度

2008 年 5 月 19 日，一位网名叫“狂飙吧蜗牛”的网友在知名论坛天涯上发了一则名为《让王老吉从中国的货架上消失！封杀它！》而内容为“王老吉，你够狠，捐 1 亿元，胆敢是王石的 200 倍！为了整治这个嚣张的企业，买光超市的王老吉！上一罐买一罐！不买的就不要顶这个帖子！”的帖子。

乍一看，这篇“标题党”的帖子是在声讨王老吉，而实际上却是一篇正话反说赤裸裸的“煽动帖”，紧接着，大量类似“对，让它从超市消失，有一罐买一罐”“以后只买王老吉”“对，今年夏天只喝王老吉”“我马上去买一罐”……之类的回复瞬间占据了“沙发”“板凳”“地板”“地下室”“负 1 层”，直到“地下负几千层”的回帖位置。紧接着，“封杀王老吉”的帖子几乎传遍国内所有知名社区网站和论坛，3 小时后，百度贴吧有关王老吉的发帖数量超过 10 多万条。次日，“封杀王老吉”的煽动性帖子席卷到几乎所有热门社区网站和论坛，并大批出现在媒体的首页明显位置，同时，“沙发”“板凳”“地板”重要回帖位置迅速被支持“封杀”王老吉的煽动性回帖占领。就这次事件而言，前排有如此煽动性和爱国情结的回帖内容自然而然地决定了真实网友跟随其后的回帖必须只能是“保持队形”，各大 QQ 群开始出现网友自发转发这条“封杀令”，QQ 用户也开始单独号召其好友一起“封杀”王老吉，其中，流传最火的一句是：“要捐就捐 1 亿元，要喝就喝王老吉”，一股集体“封杀王老吉”的热潮在互联网中攒动。

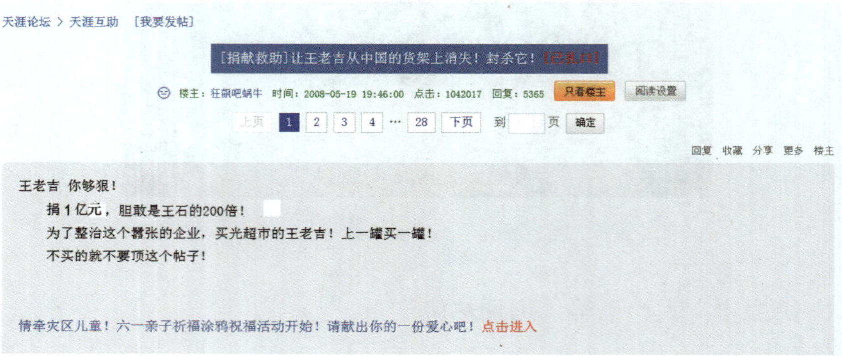

天涯出现“封杀王老吉”的第一帖

第三步，借势扩大，延长热度

对于一个策划缜密的事件营销来讲，绝不会只有一波的热度来刺激网友，一定会有新的素材加入以延长炒作周期，于是，“生产王老吉的加多宝集团为中国的民营企业”“2007 年王老吉凉茶业务的利润也就 1 亿元左右”……这些听着让人敬佩的爱国情节让广大网友们感动不已，更加对其继续“封杀”。有网友将捐款企业进行排名，加多宝集团始终排在首位，与之呼应的“铁公鸡排行榜”也随之迅速传遍全网，类似“中国人，只喝王老吉”“今年过节不收礼，要收就收王老吉”等口号通过论坛、博客、QQ 等传遍互联网的每个角落。当然，市场上也相应地出现了一系列的反应，据王老吉上海徐汇区一个卖场负责人介绍：“正常情况下，3 个卖场一天王老吉的总销量在 30 箱到 50 箱（一箱 24 罐），王老吉捐款后，销量翻了一番，目前供货有点吃紧，并且出现了一些企业团购王老吉凉茶，经常一次就买几十箱的情况。”

第四步，媒体关注，扩大影响

在国难当头之际，舆论环境需要的是正能量，1 亿元的慷慨解囊当然会被媒体大力报道，加之互联网“口诛笔伐”的“声讨封杀”，媒体的报道也会相应地出现更多的报道素材，有媒体甚至将加多宝集团称作“捐王”来报道此事。

在 2008 年，虽然王老吉在国内已经享有一定的知名度，而加多宝是大家非常陌生的一家公司，利用此次事件，加多宝的确是赚足了知名度与美誉度。笔者认为，这次事件营销为加多宝赢得的支持与喝彩，直至近年的“加多宝与王老吉品牌之争”，都是无法用金钱来衡量的，而这种效果绝不是用 1 亿元的广告能“砸”出来的。

至此，本案例告一段落。在本案例中，笔者并没有将如何进行事件营销的核心点用条条框框的形式表达出来，因为网络营销是一个十分具备创新性的营销领域，就像武术一样，以无招胜有招是最高境界。

但在这里一定要提醒读者的是：

（1）事件营销是一把双刃剑，玩得不好便会自残；

（2）事件营销要有底线，“网络大谣”的事件告诉我们，“毁三观”、“碎节操”、愚弄网友的做法是不可行的。

2.4 剧情营销——其实我是一个演员

纵观互联网，“剧情营销”这个营销名词暂时尚未出现，实际上它是笔者独创的一门营销技术，万能的“度娘”似乎也搜索不到，这种营销方式与故事手法结合起来，有成本低、易操作、效果好等优点，笔者在此要倾情奉献出来给所有读者（谢谢大家的掌声）。

对于一篇网络文章（俗称帖子）来说，“内容为王”已经成为众所周知的真理。话说当年笔者将业务开展到社区论坛领域时，需要在论坛中持续地发帖以达到论坛推广目的，于是笔者组建工作小组。

起初，我们引用了大量的新闻性质的公关软文，在各大论坛中大面积发布，说实话，这些软文软到让我们自己都会“呕吐”，自然网友的互动回帖也是五花八门，普通网友一般会比较卖萌地回复“广告帖哦，亲”“五毛党呀，亲”“水军呀”，而网站管理员和版主大人们的做法也一向简单粗暴：删帖、封号、封 IP 地址。一段时间后，工作小组成员由于长期在网上被“虐”，身心受到严重伤害，纷纷表示“受不了”。

于是如何撰写存活率高、网友喜闻乐见的网络文章成为当务之急，长期混迹于各大论坛，深谙社区论坛环境的我们一致认为，是时候该改变了！

大图、美女、另类、幽默常常是论坛里最受欢迎的主题，所以我们也一定要接“地气”。于是，所有人开始绞尽脑汁构思“接地气”的帖子，接着各种原创脚本也就诞生了，编剧出现了，导演出现了，“女一号”也出现了，摄影师出现了，后期剪辑出现了、买盒饭的剧务也出现了……一个“草根”影视剧公司呱呱坠地——所不同的是，我们没有“潜规则”。

随着导演撕心裂肺的一声：Action!

剧情华丽地开始了……

我的 F0 购车记

上周末我和老公去4S店里看比亚迪F0了，还试驾了，我感觉很是满意，就交了订金订车了，我老公当然是听我的了。

说好要告诉大家的，小女子可是说到做到啊，这可是我们上周末的“日记”。

我们来的就是下面这家店（我发誓，我没给它做广告）。

看到门口停了一排红色的比亚迪 F0，我很喜欢，先合影。

这位销售人员很热情（老公，别拍了，快跟上）。

下面这张图跟我没什么关系……

嘻嘻……我先进去坐一下。这车好可爱啊！

这个小表很可爱啊，像米老鼠的大耳朵。

猜猜是什么吸引了我的视线？

老公，把门关上好吗？

咦，这张是什么时候拍的？

按钮按着也很舒服！

这个抱枕很舒服！

车后面也没有像网友说的那么挤！不懂不要瞎说好不好。

老公也上来坐一下（谢谢销售人员帮忙拍照）。

这辆小红车和我配吗？

这图案是……海底总动员？

下车了，听销售人员介绍发动机性能（他也不想想，我能听懂吗？知道它很好很强大就是了）。

销售人员说后备箱足够用，钢化玻璃很安全，很好！

老公，你不要偷拍这位大叔（没想到也有大叔级别的人喜欢这车）。

要试驾了，销售人员喊我赶紧上车呢！

我还不会开车，请老公帮忙……

感觉车前面挺漂亮的。

销售人员还在卖力地介绍。

后面的视野很开阔啊。

我在看赠品(尽量为我的爱车多争取一点赠送 ^_^)。

这是休息区，折腾了半天，累了，我要上网。

座谈了，没我什么事，无聊啊！

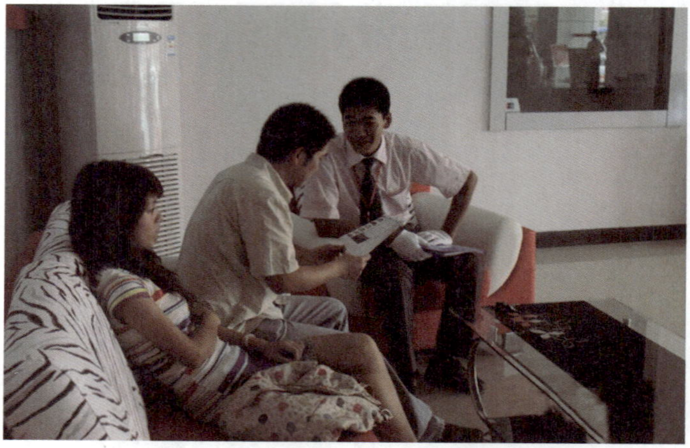

哈哈，有一个销售人员见我无聊，和我开起了玩笑（其实一点也不好笑）。

照相机还给了我，我也来拍一张。怎么样，我老公的侧面帅吧！我还是很有眼光的！

决定买了！画押了！当然是我老公来签字了。

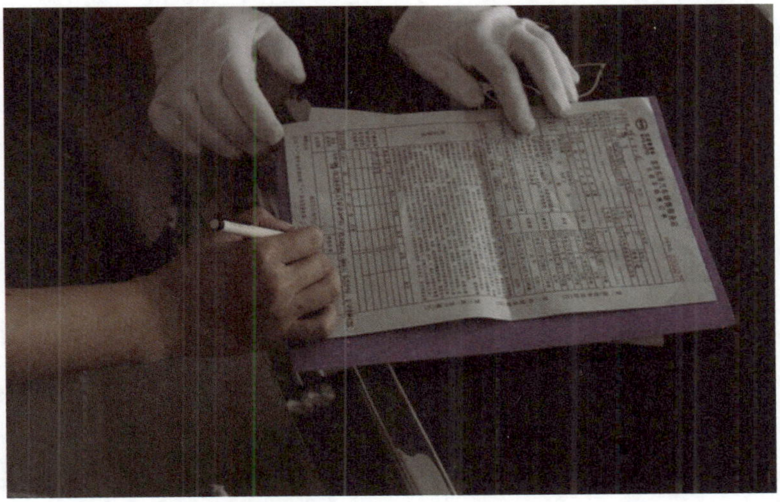

交定金了（就500元，你也数）。

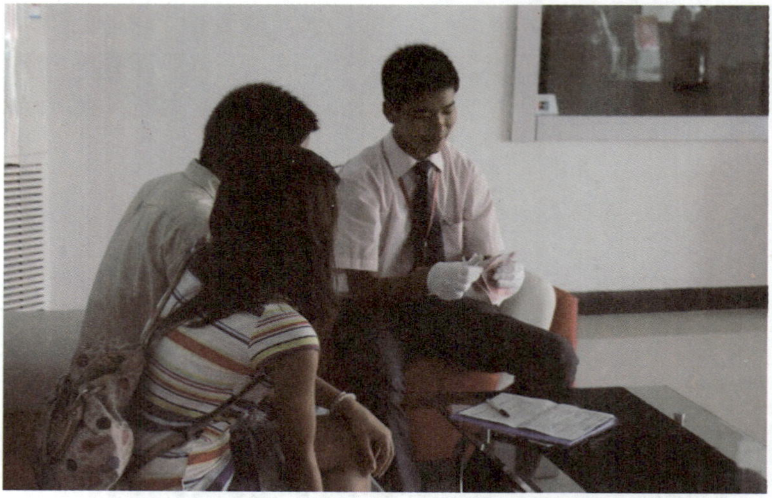

小女子不太懂车，但感觉这车还是很不错的，对我和老公来说真是太适合了。试驾后老公说也不错，开着挺舒服的，我也感觉很稳。以前在网上看到有人说这车这不好那不好的，真不知道他们有没有自己开过，就出来瞎说。小女子亲身感受过以后，建议和我一样感兴趣的朋友们去店里看看，试驾一下，自己就知道了，怎么能光听别人说呢？

就这些了，改天就去提车了，我很期待啊，都等不及了。

到时再给大家发点图吧。

剧情到此便可以杀青了……

这篇"神帖"完成后，我们将其发布在各大汽车行业论坛中，其所到之处似乎分分钟便"秒杀"论坛版主和网站管理员，众多门户网站无法抗拒般地将其搬上了网站焦点图和网站首页中，这篇帖子在每个论坛中均被设为精华帖，一周下来，总"票房"（帖子浏览量）已破百万次。

关于营销成本，笔者在此透露一下，动用“女一号”、“男一号”和摄影师共计 3 人，往返 4S 店路费不足 200 元，因一不小心对 4S 店的品牌进行了推广，传言在 4S 店老板百般盛情邀请下，这 3 个人还冠冕堂皇地“蹭”了一顿丰盛的午餐。

下面是关于剧情营销的总结。

1. 标题：吸引眼球、激发点击

标题就像是餐馆的招牌，一篇帖子的成功，标题当属最重要的因素。互联网中的信息海量，要让自己的帖子脱颖而出，标题必须有足够的吸引力，必须使网友在一不小心看到标题后，会情不自禁地产生点击的欲望与冲动，这样，你才有机会营销你要营销的内容。可以毫不夸张地讲，一个让人充满点击欲望的标题是一篇帖子成功的一半，想必读者们都听过令人痛恨的“标题党”吧，可见一篇帖子标题的重要性。

2. 正文：言简意赅、图文并茂、诙谐幽默

对于一篇长篇大论的帖子，即使其中的内容再出彩，最终也只能沦为“又臭又长”的“垃圾帖”，没有网友有耐心去拜读，因此正文应注意控制篇幅，做到言简意赅。另外，运用诙谐幽默的网络语言加上相呼应的美图，会大大增强帖子的可读性，这一点我们应该向腾讯的图片新闻学一学。

3. 表情符号：使用常见的网络化表情符号

^_^——可爱笑脸

:-(——不高兴

>_<|||——很尴尬

^_^”——尴尬的笑

→_→——怀疑的眼神

@_@|||||..——头昏眼花

⊙_⊙——天然呆

>”<|||——伤脑筋

…………………——……（省略）

想必这些常见的表情符号你都认识吧，适当加入这些符号，除了可以强化主题，还能活跃帖子氛围。

4．与网友互动：增强帖子的活跃度

互联网所具有的互动性是互联网迅猛发展的精髓，当有网友对帖子进行回复时，“楼主”应该及时与这些网友在评论中进行互动，哪怕是那些调皮的网友发表“楼主脑残”之类的评论，也要积极回复，不能生气，因为他们只是一些调皮而没有恶意的网友而已，而这些互动也是网友喜欢看的部分。

剧情营销不过如此，学习完后是不是觉得很简单呢？在剧情营销中，通过自导自演来控制整个剧情的发展以达到营销推广的目的，是不是很有一种“其实我是一个演员”的感觉呢？

2.5 视频营销——其实我也是一个导演

互联网信息存在的形式主要有三种：文字、图片和视频。文字和图片的相关营销方式在前几章中已经介绍过了，本章将着重介绍视频营销。

视频营销是一种通过视频形式对品牌及产品等进行传播，以达到推广效果的新型、有效的低成本营销方式。可以这样说：对于从事网络营销的人而言，若未涉足视频营销，那么他的营销人生是不完整的。

如何通过视频来做营销呢？互联网的出现给视频行业带来了一线生机，特别是那些爱好拍片子的“草根”和“吊丝”们，通过互联网过足了当导演的瘾。根据网民的上网习惯，除了知名的电影或电视剧，超过 10 分钟的视频除非有特别出彩且环环相扣吸引人的情节，否则均会被网民视为自娱自乐的“垃圾视频”。于是短视频成为互联网视频中一道亮丽的风景，也成了视频营销的主要载体。

笔者最早接触到的视频营销案例是一部名叫《网络惊魂》的搞笑短片，它或许可以算作视频营销元年的代表之作！

整个《网络惊魂》视频时长不到 5 分钟，而内容却是火药味十足，视频作者通过巧妙地剪辑拼接《唐伯虎点秋香》《无间道》《我的野蛮女友》《色即是空》等网友们耳熟能详的经典影片，并配以幽默诙谐的配音和配乐，将联通改写成“廉通”，简单粗暴地对联通的信号、服务等进行了赤裸裸的羞辱，足可见当年移动和联通之间的业务竞争是何等激烈。而这种视频形式在传统媒体上是无法实现的，而在互联网上却像病毒一样被网友主动大肆传播。单纯就此次视频营销的创作目的和传播效果来看，可以说是成功的，但笔者还是不提倡使用刻意攻击竞争对手的营销手段，还是那句话：出来混，总是要还的。

《网络惊魂》中直白的台词：“魔笔魔笔告诉我，哪个傻瓜还在用廉通？”

记得在谷歌还未离开中国大陆的时候，百度创作了一部创意视频名叫《我知道你不知道》。

绕口令式的“我知道你不知道”

视频同样以《唐伯虎点秋香》为蓝本（可见在2004年至2005年星爷的喜剧电影影响深远），内容围绕在“我知道你不知道我知道你不知道我知道你不知道”这句话，在这句话中不同位置以标点符号断句，便会表达不同含义，以此来说明中国土生土长的百度更懂中文，表面含蓄但又相当直白地表达了对谷歌的鄙视。这段视频在创意上的确是下功夫了，堪称当年视频营销界的又一代表作。

在视频营销的发展前期，大多以恶搞、搞笑、另类的手法来创作视频内容，虽然有些被网友认为有些粗俗，但也的确达到了营销传播的效果，给网友带来了欢乐。

近些年，随着一些企业的商业需求更加细腻，企业趋向于通过视频营销更加深层次去解释品牌和产品，于是，微电影诞生了，其作为高层次短视频受到了企业的青睐。最有影响力、最成功且具有商业性质的微电影当属筷子兄弟的成名作《老男孩》了。

这部“让你的膝盖中一箭”的微电影是由雪佛兰科鲁兹冠名的，也是由优酷联合中影打造的“11度青春系列”微电影中的一部。片中以肖大宝和王小帅两个“吊丝”为主线，从他们学生时代穿着校服的羞涩爱情、纯真友情，怀揣音乐梦想到梦想破灭，一直讲到毕业后为生活奔波，最后迈

克·杰克逊去世的消息让他们重拾青春梦想，作为大龄“草根”文艺青年参加大型选秀节目得到肯定，虽止步于50强，但也最终实现了“吊丝逆袭”，并让观众对生活有了新的认知和理解。在影片风格上，导演筷子兄弟借鉴了更多互联网元素，夸张、无厘头甚至略带荒诞的叙事，让短片充满笑料却又满怀情感。

《老男孩》剧照

雪佛兰科鲁兹之所以冠名这个电影活动，和科鲁兹这款车的定位和理念有很大关系。2009年科鲁兹上市，其购买的人群大多为“80后”，而这一群人已步入了而立之年。“有过梦想、喜欢怀旧、仍在为生活打拼、理想与现实强烈反差……”成为这个群体的共性，而在2010年由中影与优酷联手打造的“11度青春系列”微电影的主题为“80后的青春”，与科鲁兹的市场定位十分相符。《老男孩》仅是“11度青春系列”微电影中的一部，但也是最出彩的一部，这部微电影一经推出便立即引发网友产生共鸣，被网友疯传，不少圈内知名导演也加入到转发和推荐的行列中来，例如陆川等知名导演对该视频做出了较高的评价，影片的主题曲《老男孩》也迅速将整个影片推向高潮。优酷网CEO古永锵先生曾经告诉笔者，没想到《老男孩》不仅影响到了“80后”，很多“70后”也产生了极大的共鸣。观众对这部影片的感受是：感动到流泪、让你的膝盖中一箭；“70后”、“80后”

的少年回忆；激励当代年轻人找回勇气；充满正力量，有梦想就要放手一搏……

《老男孩》在网络上引起的热潮也引发大量媒体的关注和评论，最终让筷子兄弟登上了央视网络春晚的舞台，雪弗兰科鲁兹也达到超出预期的推广效果。

筷子兄弟登上央视网络春晚

最近笔者刚看完电视剧《龙门镖局》，建议读者们也去看一下，其中除幽默搞笑的手法值得借鉴之外，每集中穿插的“神一样的广告”技术性也很强，很霸气，打了“擦边球”，避过广电总局关于“每集电视剧中不得以任何形式插播广告”的限令。希望看完这部电视剧会对读者做视频营销有一定的启发。

电视剧《龙门镖局》

2.6 邮件营销——作为“垃圾”你压力大吗

有些事情不说憋屈，说了矫情。但是为了显得笔者在网络营销领域相对专业，笔者在这里硬着头皮提及一下“邮件营销”。

邮件营销是网络营销中最早使用的一种营销手段，为网络营销的发展奠定了坚实的基础。但随着互联网的迅速发展，营销类邮件被网站及网民当作垃圾广告对待，并且没有特别明显的创新发展，因此邮件营销的效用逐步在削减。所以对于邮件营销这种古老的营销手段，还是忽略吧，此处不再细说。

对了，邮件营销也曾有一个“高大上”的英文名，叫EDM。

2.7 软文营销——吃软不吃硬的网民

软文是一门艺术，它像诗一样，让读者像在三伏天喝了冰镇汽水，并为其沉醉；

软文是一门学问，它好似绵里藏针，收而不露，克敌于无形中；

软文是一种技能，它能将人忽悠瘸了，也能将人忽悠苶（nié）了；

软文是一块软糖，形似柔软，实则越嚼越有味道。

读完以上一段冗长、为了拼字数、为了彰显笔者文化造诣的排比句后，让我们迅速进入主题。首先笔者来提一个高深的问题：到底什么是软文？

软文简单地说就是让受众在阅读中能潜移默化地被“洗脑”，并且能欣然接受的一种文字广告植入形式。随着现代技术的飞速进步，我国网民对广告的抵抗力越来越强，比如，通常在看完整场电影后，片中生硬的广告植入会在观众的唾弃声中被观众清楚地记住，而故事情节和男女主角的讨论或许已不那么重要了。

软文常用于企业的日常推广中，其内容大多由专业写手编撰，然后通过关系媒体进行发布。其覆盖面之广，影响之深，内容所具有的病毒性，激发网友主动传播的趣味性，都是其他营销手段所无法企及的。

而软文的精髓就在于一个“软”字。

[ru ǎ n]

一篇够“软”的软文应该是这样的：文笔及内容引人入胜，促使读者有持续阅读的冲动，广告植入“润物细无声”，降低读者的抵抗力，让读者读完后像被“洗脑”一样，认同本文观点。这种软文甚至会达到那种让读者多读几遍之后方才恍然大悟：“我刚刚是不是读了几遍广告啊？！”的效果，即使总有那些聪明的读者很早便发现“这就是一条广告！”但依然会彻底、全方位、毫无保留地佩服软文的作者！

笔者看到过许多讲解软文营销的文章，它们大都千篇一律地将软文分为故事型、情感型、悬念型、话题型、恐吓型……这种教学方法固然有其做学问需要的理论化，同时对于初学者来说有着可以生搬硬套式迅速入道的好处，但笔者认为这何尝不是一种“掰着求学者的脚走路”的教学方法，久而久之“八股软文”便形成了，故笔者十分不推崇这种教学方法。

在否定别人之后，接下来自然是时候该向读者灌输笔者的独特理念了。

由于长期混迹于互联网，所以在笔者的理念中软文只分为 4 种：普通软文、文艺软文、很“二”软文和猜不中结局软文。

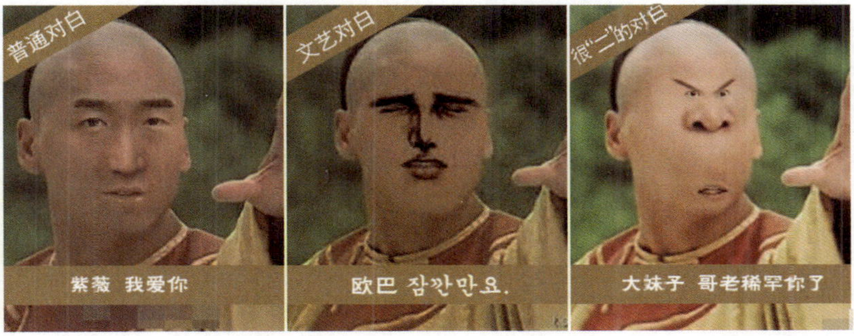

不同类型的软文对白

普通软文案例

19 年后的那一天，重新收获的惊喜！

19 年，在历史长河中只是一瞬间。

结婚 19 周年，让她感动的不是丰盛的菜肴，不是热烈的场面，不是真诚的祝福，而是丈夫那让她泪流满面的安慰，那一份说小不小说大不大的圣诞礼物。

他们结婚19周年纪念日，恰好是圣诞节。

几天来，她一直头疼，失眠，心情特别郁闷。食堂的工作太繁杂，整天忙得焦头烂额，她简直不想再做了。工业区的食堂有几千个人，财务账目一团乱，经常有漏洞；员工管理也复杂，售票时人员不够用，闲时人多没处用，双休日几乎没有休息过，这些简直让她一筹莫展，身心疲惫。

昨天晚上，她草草吃了几口饭，收拾完碗筷后，她的老公一如往常，进入卧室开始上网玩游戏，而她坐在电视机前漫不经心地变换着频道，心里却翻江倒海，索性关了电视机，一个人孤独地坐在那里。她越想越感到委屈，禁不住抽泣起来。

寂静的夜晚，她的抽泣声惊动了上网的老公。他心里一惊，起身来到她身边，纳闷之际伸出右手想安慰一下老婆，“为什么哭啊，怎么了？”她一边抽泣一边委屈地回答：“整天累得睡不着觉，这日子过得真没意思。”听她如此一说，他伸出的右手停在了半空中，犹豫片刻，还是将手继续移动，轻轻地落在了她的肩膀上，“当初我们那么苦都过来了，现在我工资涨了，食堂生意也不差，生活好了，咋还郁闷起来了？”他用手抚摸着她的肩膀，轻声说：“我们的生活一天比一天好了，我们的心情也要一天比一天快乐才是。”几句简单的话，一个微小的动作，顿时让她感到异常温暖。

“食堂的生意不差，却也不好，你知道有多难吗？”她开始絮絮叨叨，“财务账目一团乱，我发现好多漏洞，经常收到假钞，烂钱……更多的时候我累得腰酸背疼，还睡不着觉。”面对她的诉苦，他“嘘”了一声，然后就转身去了书房。

结婚19年了，他一直很倔强，毫无耐心，我行我素，从来都没有注意过她的任何感受。而她在全身心投入食堂生意的同时，还要全方位地照顾一家老小，尤其是在父母去世之后，她更成了兄弟姐妹各个家庭的顶梁柱。在家里，与其说她是他的老婆，不如说她在当他老婆的同时，还在承担着他母亲的责任。他在外面不如意时，她柔情劝解；他在家里发脾气时，她礼让三分；而她不如意发脾气时，他不但不会安慰，反而怒目而视，不理不睬，转身离去，不会倾听她的倾诉，全然不顾她的感受、她的委屈。而今，面对她的抽泣、她的委屈，他终于开口讲了一句安慰话，还有意关心食堂的生意了。怎么会有这么大的转变呢？“他有什么事情瞒着我吗？他做了什么对不起我的事情吗？”正当她在无头绪地想着这些东西的时候，老公走出来了，手里还拿着一个包裹。她心里一惊，蓦然像明白了什么似的，转过头去用疑惑而幸福的目光注视着老公。

他笑着解释：“看你做生意起早贪黑，太辛苦，就给你买了一个慢回弹保健枕头和床垫，枕头是今天送到的，床垫还没有到。听说这种材质的枕头含有温感粒子，能因体温及压力而变化，有效把人体压力化解为零压，不阻碍血液循环，不易产生疲劳及酸痛，比我们传统的枕头科学。既然这么健康科学，为什么不试试呢？本来是准备送你一个圣诞节惊喜。以后，你再也不用睡不着觉而烦心了，它可以帮助你缓解压力。”

听到他体贴的安慰，她热泪盈眶，转身抱住了老公。结婚这么多年来，他第一次默默主动地为她做了一件事。平安夜异常干冷，她却感到非常温暖。让她感动的不仅仅是这份礼物，而是他那份对自己最真实的爱，于是她幸福地依偎在老公的怀里。但她精明的生意头脑又转了起来：“你怎么挑厂家的？生产厂家挺多的，到底哪家最好？还有，这一共花了多少钱？”

他笑着拍拍她的肩："你永远改不了追根究底的毛病，我是为你解决烦恼，又不是给你添烦恼，当然要选最省心的品牌，××× 用品有限公司有 9 年的畅销经验，得到了诚信认证，你还担心什么？只要你轻松快乐起来，花多少钱又有什么关系呢？"

她再也忍不住了，将头埋在老公的胸前抽泣起来，一时感动得语塞。老公原来一直深爱着她——这是她结婚周年收到的最好礼物，也是圣诞节最惊喜的礼物。

看，多么感人至深的夫妻情谊，多么体贴入微的老公，多么呆萌可爱的老婆，多么有意义的 19 周年结婚纪念日，多么贴心的礼物，最终这又是一篇枕头广告的软文。这其实是互联网中一篇再普通不过的软文。

文艺软文案例

不要以为我是一个温柔的妹子，其实我是一个铁血铮铮的汉子

——一个淘宝店家内心扭曲的血泪史

作为一个长着偏"正太"的脸、身心俱是男儿的铁血汉子，在创业大军挤着过独木桥的血腥拼杀中，我跟同村穿着一条裤子长大的另一个"正太"奶爸开起了淘宝网店，从此就走上了一条无语泪先流的不归路……

风萧萧兮易水寒，壮士一去兮不复还。

考虑到大家幻想中的客服应该是温柔可人的妹子，我在万分挣扎中给自己取了一个听起来细声细气，柔情脉脉的网名"小雨"。

怎么样，有没有被萌到，哈哈，我都被萌到了，开心！

为了给网店增添小清新的气息，我绞尽脑汁并通过无数次筛选，终于为小店选了一个名字"有间小衣橱 http://xxx.taobao.com/"，有没有感觉到一股清新的气息扑面而来？

就这样，我在回眸一笑百媚生的不归路上越走越远……

为了克服心理障碍，我每天对着镜子连说一百遍“亲，……”

为了跟上淘宝潮流，我每天对着镜子刮完胡子之后就会一遍遍地练习“淘宝卖家客服经典语录一百条”：

“您好，亲！”

“亲，在吗？”

“亲欢迎下次光临哦！”

“亲，记得给好评哦！”

………

为了更好地表达我心中的真挚感情，我还进行眼神练习，做到神情兼备，化有形为无形。于是，在不经意间，我从一个胡须邋遢的汉子变成了一个柔情脉脉，面含桃花、内心住了一个小娇羞妹子的汉子。

打造完美客服，变身居委会大妈

如今我为了更好地无障碍地与各地的妹子沟通，开始研究美容、养生，以及生理常识。我会劝阻她们不要为了减肥不吃饭；

我会关注她们的日常生活，知道她们最近在看什么电视剧，喜欢哪位韩国帅哥；

我会教她们多吃膳食有利于养生保健。

下面是完美客服小语录：

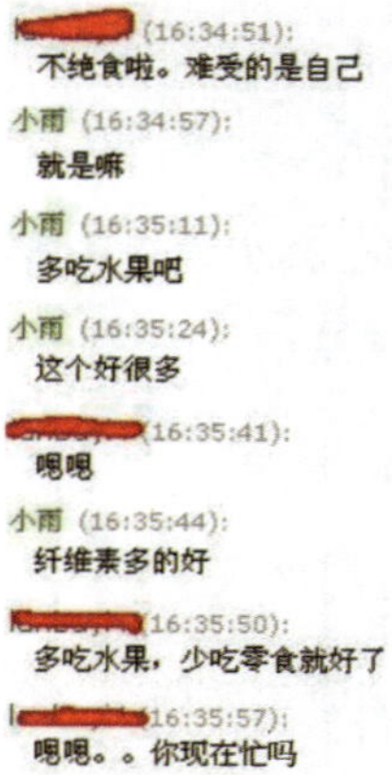

这才是真正伟大的客服，时刻关注着客人们睡得好吗？吃得好吗？玩得开心吗？

真是太不容易了，想当初我都没对女朋友这么好过，真是悔之晚矣。

如果上天再给我一次机会，我一定会好好珍惜，当然我已经没有这个机会了，所以要把最好的留给未来的老婆。

真的汉子敢于直面惨淡的人生

作为一名真正的汉子要有敢于直面惨淡的人生，并且有不离不弃、越挫越勇的决心，好的客服更应该有一颗甜死人，还要死皮赖脸求给好评的黄金心。

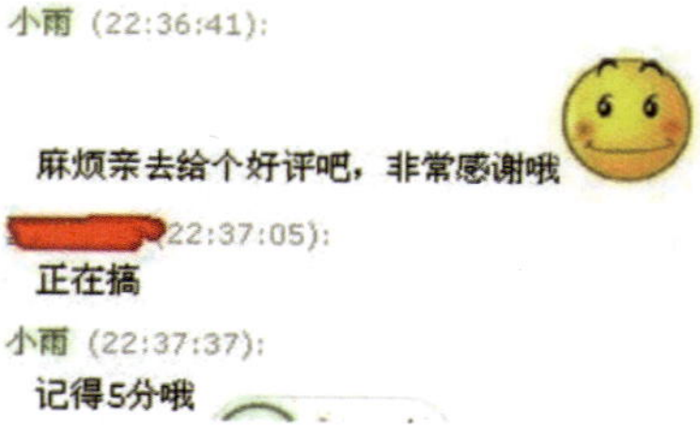

一名好的客服汉子更应该做到具有一颗黄金闪闪、烧不化、烤不焦、劈不烂的大红心。

所以，让暴风雨来得更猛烈一些吧！

我不是妹子啊

可是某一天，我的自尊心还是被深深地刺痛了。

霹雳一：

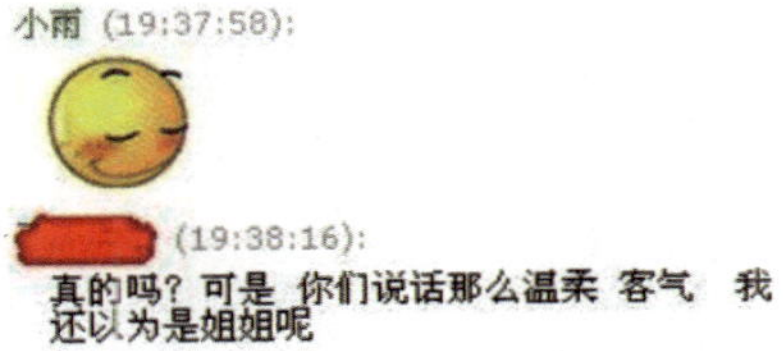

霹雳二：

这虽然是对我在客服这条路上撒下的鲜花，但是夜深人静的时候，我还是会伤心的。

我是一个汉子，是一个汉子啊！！！应该坐在大排档前喝着扎啤，吃着油焖大虾，挽着袖子的我，如今只能面对虚拟网络幻想自己是一个楚楚可怜的妹子。

白天不懂夜的黑，你们不懂我的孤独。高处不胜寒，我只能举杯邀明月。

我也有一颗决心

我的偶像曾唱过“得不到的永远在骚动”。既有前车之鉴，我也不能拘泥于小情怀，而应该有雄赳赳气昂昂、不成功便成仁的英雄气概。

因此，我将是淘宝客服界一颗启明新星，从此开启淘宝客服二分天下之局面。

以后请大家叫我：亲亲小雨欧巴。

这是“亲亲欧巴”的小衣橱，欢迎调戏 http://xxx.taobao.com 。

这种充满文艺范儿的小清新软文，相信一定是网友们喜闻乐见的，发到网上也会被加精、置顶、转发的，不是吗?

很“二”软文案例

出师表

××翻译专注翻译 15 年

亮叔我跟你讲几句：你爸当年出来混，半道上就“挂”了；现在地盘又被分成三块了，益州好像咱也罩不住了。但是你爸留下的保镖还是很忠心啊。

亮叔现在就希望你机灵一点，完成你爸的遗愿，让兄弟们也扬眉吐气；千万不要把自己当成不值钱的葱，让弟兄们受委屈。

咱们都是一起的，该批评谁该惩罚谁，一碗水端平；不好好干的，给咱们整天惹事的，以及为人忠厚实在的，交给保卫科，该剁手的剁手，该发钱的发钱，这能说明你对大家都一样，你也不要偏谁向谁，让大家有亲疏之别。

小郭、小费、小董，人都实在，办事周全，你爸特别看得起，亮叔认为帮里的大事小事就交给他们；二杆子老实，性子好得很，人也猛得很，能打能杀，你爸说过“能干”，不行就提拔一下，亮叔觉得打打杀杀的事情就交给他，肯定能扩大咱们的地盘，以后没人敢惹咱们。

帮里开始为什么红火得很，还不是一直在拉拢实在人，赶走没本事的，后来为什么被别人逼得走投无路，还不是身边都是一群光会耍嘴皮子的人，你爸每回跟亮叔聊天的时候，都会捶胸顿足。侍中、尚书、长史、参军，都是亮叔的拜把子兄弟，你一定要相信他们。

亮叔本来是一个种地的，在南阳有一亩二分地，在这个战乱的时代，亮叔不想杀人，只希望不被人杀。

你爸不嫌亮叔怂，三天两头地往亮叔屋里跑，问我如何管理帮派，我感激得一塌糊涂，从此跟着你爸四处闯荡。

后来本帮被人“火拼”，亮叔死命硬抗，到现在已经二十多年了。

你爸知道亮叔精得跟只猴儿一样，所以在死之前把大事都交给我，自从换了你当了领头，亮叔天天睡不着，害怕辜负了你爸，所以五月份领着弟兄们开着船过了泸河，把该摆平的都摆平了。

现在在南方没人敢与咱们为敌，咱们的手下也个个兵强马壮，应该好好让兄弟们放松一下，再把中原打拼回来，把那些没良心的、偷奸耍滑的人统统处治了，把那些长老级人物重新扶起来。这样亮叔也就对得起死去的你爸了。

至于具体事怎么办，就靠攸之、祎、允。这一回亮叔是去出征了，如果没人给你说好话，就找攸之、祎、允。

你也应该好好想想你爸的事业了。亮叔这里肯定很感激。明天醒来以后，亮叔马上就要走了，都不知道说了些什么。

《出师表》遭“恶搞”

这篇充斥着江湖用语、匪气十足的诸葛亮经典作品不知被多少网友追捧转发，这又何尝不是一篇精彩的“翻译公司”软文呢?

猜不中结局软文案例

小米版

我指了一下那块肥皂，没想到他不为所动。不得已，我只得出声提醒：“喂，你的肥皂掉了。”他这才反应过来，道了声谢弯腰去捡。就在那一刻，我以迅雷不及掩耳之势奔到他身边，双手放在他的背上，跳了过去。太激动了，我这一个星期都在想着玩一次跳山羊，终于得偿所愿！可郁闷的是在跳的时候手机掉在地上屏幕摔碎了，想问大家，小米的售后电话是多少?

山东蓝翔版

老牛娶媳妇了，女人很美，比村里五大三粗的媳妇要纤细水灵许多。结婚那天，邻里给了老牛一件褂子，八成新的，蓝色的。老牛原本就不老的脸上，焕发着年轻人的风采。送走最后一拨闹酒的人，老牛熄了灯，脱了衣裳，哆哆嗦嗦地摸上床。女人一脚把老牛踹了下去。“滚！”女人丢出一个字。于是，老牛便在初秋的夜里蹲了一夜。庄上的汉子知道了：“揍她，娘的，老娘们儿就欠揍……”老牛皱了皱眉头猛抽了口烟：“咋下手啊，那么瘦，又有孩子的。”一村的爷们儿都骂老牛，骂老牛窝囊。女人生了一个白胖胖的小子，取名叫“小牛”。打那儿以后，老牛脸上的笑容也多了，夜里，老牛搂女人，女人躲开。老牛叹了口气“咱们，难道就这命了……”“你不懂。”女人说。女人跑了！这个消息传来是在第二年盛夏老牛赶集回来的傍晚，他手中还攥着一个红色的头花。一场夏日的暴雨之后，老牛的生活又回归到以往的寂静。不同的是身旁多了一个寡言的小牛，手上套着一个火红的头花。村上的光棍打趣儿地问小牛：“小牛，你娘呢？”“我爹说，娘去了很远的地方，再过几天就回来了。”小牛头也不抬低声地说。女人去了南方。女人跟了个商人。女人被抛弃了！从外面回来的人不断地带回女人的消息。又是一年，进腊月了，从南方回来的年轻人带来了一封女人的信。女人说，她想儿子，如果老牛愿意，她就回来，让老牛穿上那件蓝褂子去接她。估计腊月二十五傍黑就到县城了。老牛去了，腊月二十五的早晨，老牛穿了那件蓝褂子。女人的车误点了，到县城的时候就已经是腊月二十六的下午了。纷纷扬扬的大雪覆盖了整个世界。女人没有看到蓝褂子，只看见一个蹲在路边被雪掩埋了的人。她走上前，拂去那人脸上的雪，露出一张冻僵了的脸——是老牛！她忘了，那件蓝褂子是初秋的单衣，而此时正值北方最冷的数九时期。老牛的双眼紧闭着，脸上却荡漾着幸福的微笑，手中还攥着那玫瑰般火红火红的头花，像一尊浪漫高雅而庄严的雕像……老牛走了……女人哭了……女人回来了，头上戴着那朵红头花，仍旧住在当初与老牛完婚时的土坯屋中。小牛一天天长大。上了学堂的小牛回来委屈地问娘“学挖掘机哪家强？”娘拉过小牛深情地望着远方，坚定地对小牛说：“中国山东找蓝翔！”

比亚迪版

我叫王大锤，每天都是从五万多平方米的床上醒来。面对两百多名漂亮的女仆，然而我并没有因为富有而感到快乐，我只希望能拥有一段刻骨铭心的爱情。

走开，你们这些该死的钞票！走开，不要再烦我了。

什么时候我才能得到真爱呢？哎……

中秋节到了，爸爸忙不过来，安排我到家族中一个只有1000万名员工的小公司代替他进行慰问。今天我来到了这家公司，我的家族有10亿家这样的公司，有200多亿个长得像范冰冰这样的保洁小妹。话说为了体现对员工的关怀，爸爸只给了我100亿元的预算，100亿元怎么够呢？此刻我出面了，要是买月饼送给员工，实在是太丢我的脸了，该怎么办呢？哎，正在头疼的时候，我的助理志玲给我出了一个主意，虽然她是我的250万个助理里面最丑的一个，万万没想到，这次她的建议却令我十分满意："每人发一部汽车吧，要电动的，比亚迪就有电动的，是不是员工会更有感觉呢？"我很气愤："为什么一定是比亚迪呢？"志玲将目光投向远方，斩钉截铁地告诉我："比亚迪汽车，新能源汽车的领导者。"

通过以上段子，想必读者也大致了解了互联网软文应具备特点了吧，一篇精彩的互联网软文应具备以下特点。

1. "标题党"

有时候（不是所有情况），一个足够给力的标题是一篇精彩软文成功的一半。"标题党"原本的意思指写出标题与内容不符的文章，欺骗网友阅读的"段子手"们，但在这里笔者要说的"标题党"并非此意，而是指优秀网络软文应具备的给力标题，它是一个褒义词。

2. 语言网络化

“杀马特”“不明觉厉”“十动然拒”等这些网络用词，对于那些很少上网的“out man”来说，根本就是外星语种，但它们在互联网上风靡。常言道，入乡随俗，一篇优秀的网络软文必须由犀利的网络语言组成，加上高潮迭起的情节，才能具有较强的可读性。

3. 有图有真相

相比传统媒体，当今网友在互联网上阅读“多图杀猫”式的段子毫无压力，同时，相比纯文字而言，网友更喜欢直观的高清趣图＋精辟的文字描述。

4. 病毒传播性

面对一篇极其优秀的网络软文，网友的表现应该是这样的：情不自禁要读，拜读中血脉偾张，拜读后发自内心为其“点赞”并转发软文。

具备以上四点，相信你的软文就不会太差了。

无论是普通软文、文艺软文、很“二”软文抑或是猜不中结局软文，比起那些空洞无趣、又臭又长、毫无技术含量，以及从标题到内容再到结尾，恨不得直接大吼：“××× 好，××× 妙，××× 简直呱呱叫！”的生硬广告效果不知道要好多少，这也许就是软文营销的价值所在吧。以上笔者的举例，仅仅起到抛砖引玉的作用，软文营销的精髓和魅力，最终还是要靠读者们的领悟，最重要的是大家要发散思维，不要受任何八股教学的影响。

最后奉送一则招聘通知，其多少也算是软文营销在笔者工作中的实际案例。

关于网络营销部招聘项目在线咨询师的通知

公告日期：2013 年 9 月 25 日

结束日期：招满即止【走过路过不要错过，错过就是过错】

招聘岗位：在线咨询师【高端、大气、上档次的岗位名称】

工作地点：深圳坪山【随时出入总部】

在线咨询师应聘要求：

（1）如果你是女性，那么你就赢在了人生的起跑线上，没错！在这个男女比例严重失调的年代，我们需要的就是物以稀为贵的你！而如果恰恰你又是大专及以上学历，那么恭喜你，不用多久，你就会升职加薪，迎娶“高富帅”，走上人生的巅峰。想想是不是还有点激动呢！

（2）我们的小伙伴一定要对汽车极其热爱，对汽车电商和网络推广血脉偾张、甘愿肝脑涂地、充满激情！千万别放弃对新鲜事物的追求，否则徒留一帘幽梦，在每个午夜，空空感叹着：我想起那天夕阳下的奔跑，那是我逝去的青春，NO！！！

（3）在你的职业生涯中的某个时刻，当你登录 QQ 或旺旺时，会遇到五颜六色的人们，无论是可爱的、“天然呆”的，还是色眯眯的，他们都是你的上帝。当遇到数学是语文老师教的人问你买比亚迪“秦”首付 30% 是 2000 元时，你会发火吗？你不会！你会耐心地回复：“您的计算器出现了程序错误！”当他色眯眯向你喊话道“陪我聊一会吧”的时候，你也会一口一个“亲”地回复：“亲，只能唠 5 块钱的”，总之，我们只允许你在内心里有一个“画个圈圈诅咒你”的念头，但请务必体现出作为代表着公司形象的咨询师的素质。

（4）人生，时刻都要学习，往远了说是为了个人修养，往近了说就是为了公司的二次腾飞而自我进取，这是我们这个团队一直在努力的方向，希望你也不要掉队。

（5）来一点简单直接的：岗位F级，有业务提成！

工作职责：

（1）随时在线，解决各类在线客户的“疑难杂症”，你可以的！

（2）重视客户的每一个投诉和建议，将它们整理归类形成系统化的内容，这些都是我们成长路上的加速剂！

（3）买车就是买服务，我们不仅是卖车，更是卖口碑，客户的意见要随时回访和跟进。

汽车销售人员都是“潮人”，你不“潮”出门都不好意思和人打招呼，质朴的工衣并未掩盖住我们那颗骚动的心，你还等什么呢？二次腾飞就靠你啦！！！快投简历！

应聘程序：请发送简历到 xxx@byd.com。

搞笑招聘

2.8 搜索引擎营销——我知道你不知道

虽然笔者很讨厌用英文单词对概念进行描述，但是没有办法，似乎像SEM这样的英文单词讲出来更加令人感觉神秘和专业。

SEM，即 Search Engine Marketing，搜索引擎营销的意思。

要了解搜索引擎营销，首先必须了解“关键词”（英文“keywords”），笔者找了一下“关键词”在网上的理论解释，还真的是很理论化，所以我也就不放在此“忽悠”大家了。通俗地讲，关键词就是大家上网搜索信息时所使用的文字，例如，“智能手机”“单反照相机”“10 万元左右的汽车”等。

在网络营销的现阶段，SEM 的常用营销手段主要由两部分组成，即SEO+ 搜索引擎推广，以下会详细解释。

2.8.1 搜索引擎优化

1. SEO 的概念

SEO（Search Engine Optimization），即搜索引擎优化，指为了提升网页在搜索引擎自然搜索结果中（非商业性推广结果）的收录数量，以及排序位置而做的优化行为，这一行为的目的是为了从搜索引擎中获得更多的免费流量，以及更好的展现形象。

2. SEO 的背景

背景 1：截至 2013 年 6 月底，我国搜索引擎网民规模为 4.70 亿人，比 2012 年年底增长了 1928 万人，半年增长率为 4.3%，搜索引擎使用率为 79.6%，与 2012 年年底基本持平。搜索引擎作为互联网的基础应用，是网民获取信息的重要工具，其使用率自 2010 年以来始终保持在 80% 左右。

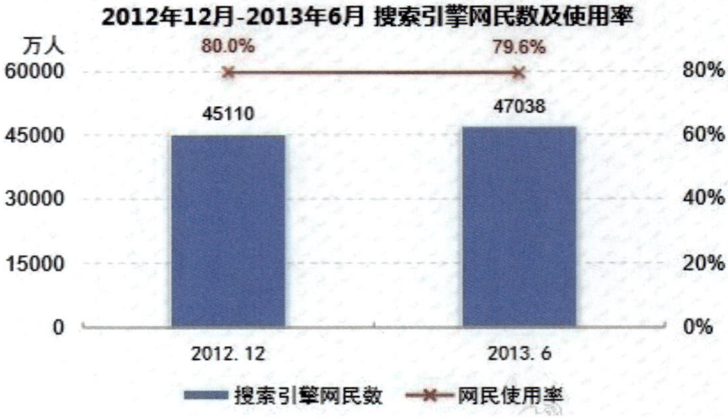

数据来源 CNNIC

虽然近几年社会化媒体例如微博、微信等兴起，以及移动互联网产业的快速增长，让网民的上网习惯有所改变，但是搜索引擎的使用率仍居高不下。

背景 2：网络搜索环境被大大净化了。从 2014 年开始，百度加重了对挂黑链接和跳转链接的惩罚。

百度于 2013 年 2 月 19 日上线了一种搜索引擎反作弊的算法——“绿萝算法”，该算法主要打击超链中介、出卖链接、购买链接等超链作弊行为。该算法的推出有效制止恶意交换链接、发布外链的行为，有效净化互联网环境。

更新绿萝算法后，大量的发垃圾链接的网站被降权处理。而后续的“石榴算法”（百度的“石榴算法”是打击低质量网站算法的升级版，与“百度绿萝算法”相对应）对有大量混淆页面主体内容的垃圾广告页面的网站进行了清理，一时让使用黑帽子技术 SEO 的网站人人自危。

在这样的环境背景下，我们或许需要对这几年流行的各种 SEO 技术或者理念重新审视。

3. SEO 小实践

做 SEO 首先要清楚 SEO 的核心是用户体验的不断优化。

网民在网上搜索、点击，到进入一个网站页面，是通过直接的视觉和所见内容来审视一个网站是否友好。而搜索引擎的算法是以网民的各种感受作为出发点，通过搜索引擎机器人的爬行和算法来审视一个网站是否对用户友好，而且近年来搜索引擎技术升级明显加快。因此现阶段的 SEO 没有太多捷径可以走，或许回归到最早没有广告排名、没有恶性竞争的良性共生形态，才是最佳的选择。

SEO 是一个系统工程，涉及关键词分析、内部优化、外部优化、链接页面代码等方方面面。而进行 SEO 的最佳时期是在网站的建站之初。

下面我们通过做一个以"馒头"为主题的网站为例来简单介绍如何进行网站的 SEO，以启发读者对 SEO 的思考。

（1）域名与服务器——不能让"馒头"输在起跑线上。

一个域名的好坏对于 SEO 有一定的影响，而且会影响到搜索引擎给予网站的权重。比如域名年龄，即域名注册时间越早越好。而域名是否易拼写、易记忆，则直接影响到用户体验。主机服务器是否稳定，设置是否正确，也同样会影响 SEO 的效果。

- 域名

  馒头，中国传统食品，拼音是 man tou，英文为 steamed bun，在北方又被称为馍馍，我们可以直接选择中文拼音"mantou"作为域名，便于用户记忆和拼写。假设这个"馒头"网站以后还要国际化，走向海外，也可以使用“steamed-bun”作为域名，原因是域名中包含网站的目标关键词。域名中的关键词本身就占了排名权重，并且网站的链接被转载时，都会有一个天然的关键词。

- 域名后缀

现在的网站的域名后缀有很多，例如 .com、.net、.cc 等。我们应尽可能使用 .com 作为后缀，因为这是大多数用户最习惯的后缀。

经过理性的分析，“馒头”网站最理想的域名应该是：www.mantou.com，若网站后期要国际化，需要具有国际范儿，则可以同时注册：www.steamed-bun.com 域名。

- 服务器稳定性

服务器的稳定性很重要。经常无法访问的服务器，直接影响用户体验，而搜索引擎机器人在爬行时会把经常无法访问的网站，降低爬行频率甚至是不访问，而网站页面被搜索引擎收录和更新的次数自然会减少。

- 主机速度

主机速度越慢，搜索引擎抓取页面的时间也就越长，直接影响页面的收录。而打开一个页面需要很长时间的话，也会让用户体验变得不好，造成网站用户流失。前面说过，SEO 的核心是用户体验的优化，所以，目前，与用户体验有关的因素，都会直接影响搜索引擎对网站权重的评级。

（2）关键词分析与分布——用户想了解什么？我能提供什么？

关键词的分析和分布是 SEO 里面比较重要的环节。一个网站，提供什么内容，能不能给访问者带来价值，直接影响到网站的流量和用户在上面停留的时间。越大型的网站，关键词的分析和布局越复杂，需要用到的工具和数据分析也越多。下面简单介绍一下关键词分析的基本思路。

- 核心关键词

  顾名思义，核心关键词就是要放在网站首页的重点词，它可以是两三个词。比如我们要做以“馒头”为主题的网站，“馒头”这个词就显得很重要，先来看一看“馒头”这个词在百度中的搜索结果，如下图所示。

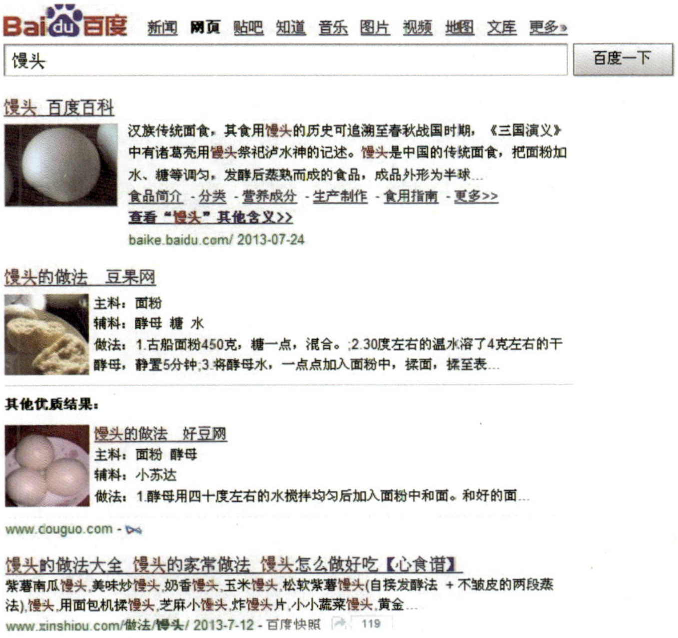

截图来自百度搜索结果

从搜索结果看，排在第一名的页面是百度百科，而排在第二至第四名的页面内容均为馒头的做法，其中排在第二名的只是一个网站（豆果网）的一个页面，里面详细描述了馒头的做法。由此可以看出，搜索“馒头”这个词的用户，搜索引擎认为其偏向于想了解如何做馒头。由此，要使“馒头网”被搜索引擎搜到并推荐到有利的位置，网站需要以“怎么做馒头”

作为主要内容，所以，“馒头网”首页的核心关键词可以制定为：馒头，馒头的做法，做馒头。

- 二级关键词的拓展

围绕着“馒头”这个词的属性，结合用户需求，我们可以想到的关键词有：“馒头历史”、“馒头营养”、“馒头做法”、“馒头种类”、馒头视频等，于是“馒头网”的二级关键词作为对核心关键词的补充，应该得到重视，要布局在网站的导航和首页的栏目上。

结合百度的相关搜索，可以看到用户感兴趣的内容，如下图所示。

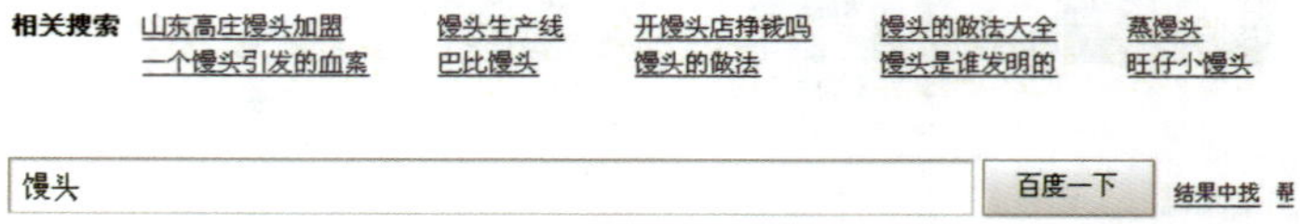

截图来自百度搜索结果

- 页面关键词的拓展

例如二级关键词中的“馒头视频”，可以用“做馒头视频”“蒸馒头视频”“刀切馒头视频”等关键词作为拓展，并结合用户需求，做一些例如“怎么样做馒头好吃”之类的长尾词拓展，也可以使用谷歌关键词工具和百度指数，查看更多的相关关键词，并在网站具体的页面中体现，这样就更容易被搜索引擎蜘蛛抓取到。

- 关键词的分布

在分析获得所有关键词后，需要对关键词的分布进行合理安排，而安排的逻辑应尽量符合用户的浏览习惯。导航很重要，可以直接用导航来对关键词进行布局。核心关键词为首页应呈现的关键词，例如“馒头”、“馒头的做法”、“做馒头”；

二级关键拓展词直接放在首页导航中，例如“馒头历史”、“馒头营养”、“馒头做法”、“馒头视频”、“馒头种类”；

三级相关词直接放在导航分类里的具体文章中，用标题布局。

（3）网站的结构优化。

网站的结构，例如链接结构、物理结构，以及网站程序及页面是否对搜索引擎友好，直接影响到页面权重和网站被收录的情况，因此网站具有合理的结构也很重要。

- 方便被收录

简单地说，网站尽量使用静态网页，主体内容尽量不要用 Flash 动画，因为搜索引擎的搜索蜘蛛对 Flash 动画、图片和 JavaScript 格式的内容不能跟踪爬行，会造成页面无法被收录。

- 网站结构采用树状结构

例如要做“馒头网”，网站结构为首页—频道（馒头历史）—文章（谁发明了馒头）三级结构，这样既方便搜索蜘蛛爬行，又有利于访问者查看相关内容，访问者最多三次点击即可查看到相关内容。

- 对应的物理链接结构，也可以采用树状结构对应网站导航的内容

例如：

一级——www.mantou.com/index.html

二级——www.mantou.com/mantoulishi/；www.mantou.com/mantouyingyang/

分类下面具体的文章作为第三级：

三级——www.mantou.com/mantoulishi/wenzhang1.html

- 链接结构

在网站的链接结构中，除要合理使用导航外，内页的链接也很重要，例如“馒头分类”页面里有文章“最原始的刀切馒头”，该页面里如果有其他频道的相关文章链接，例如“刀切馒头做法视频”，则会方便用户浏览，更重要的是方便搜索引擎蜘蛛爬行，使各个频道的权重分布更平均。尤其是在网站规模较大，内容较多的情况下，针对用户浏览体验优化的链接结构越细致越好，而像在“馒头网”中，至少要有“相关文章”之类的链接。

（4）页面优化

- 标题与描述

标题与描述尽量不要堆砌太多关键词，要让用户一眼就能明白网站的主要的内容，尽量做到自然又能包含核心关键词，例如首页标题：怎么样做馒头？馒头网告诉你；描述：馒头网，让你明白馒头的历史、营养，了解蒸馒头、刀切馒头、玉米馒头的做法，学会做馒头；META：馒头，做馒头，怎样做馒头。

- H 标签

文章页面正文排版要使用 H 标签强化关键字，文章的标题使用 H1 标签提高相关性。

- ALT 文字

首页和文章中的图片，可以加入 ALT 文字和简要的说明文字，要包含关键词，例如其中有玉米馒头的图片，ALT 文字可以用“新鲜出炉的玉米馒头”。

提示：META、H 标签、ALT 文字等为 HTML 语言中的概念，在此不做详解，需要进一步了解的读者可在百度中搜索一下。

- 精简代码

当页面的格式代码过多时，除了会使页面文件的体积变大，更重要的是增加了搜索引擎读取页面正文内容的难度，因此可以用 CSS 样式定义，或者直接用外部文件调用代码，以及删除页面的注释等方法来精简代码。

（5）外部链接

一个新的网站如果 PR 值低，则其“江湖地位”也低，与其他网站互换链接很困难，因此提高网站的 PR 值是一项需要长期坚持的工作。

- 新网站需要好内容

网站的内容数量和质量直接对后期外部链接的增长产生影响，例如“馒头网”中若有一篇非常详尽的做馒头的教程，则可能会被其他网站转载，或者被其他相关网站引用。

- 友情链接需要相关

对用户有价值的，才是最重要的。比如喜欢吃馒头的人可能对花卷也感兴趣，那么我们去寻找花卷类的网站进行链接交换，成功率会高很多，并且内容相关有助于提高网站的权重。

- 对内容的合理利用

比如网站里有“如何做馒头好吃”的文章，可以去百度知道等问答平台寻找相关提问，在回答提问的同时，在引用标注中加上有该内容的文章链接。这种手工操作是合理的，其动机也是为了方便用户。

- 在相关的论坛和博客中留言

  在面食类的论坛和博客中，可以通过有价值的评论留下相关链接，比如论坛里有一个帖子正在讨论馒头的做法，你可以在回复时加上网站里有的内容，然后加上链接。另外很多论坛也允许在签名中加上链接。

4. SEO 的误区

误区一：SEO 就是研究搜索引擎的算法规律，然后利用和放大搜索引擎的策略缺陷，获取更多的访问量。

这种做法俗称黑帽子做法，比如发大量的垃圾链接，在页面大量堆砌关键字等，这是以伤害用户体验为代价的，网站在短期内流量会上升，但质量不高，并往往不能持续。

误区二：SEO 就是一定要把某个词排在搜索结果页面中的第一位。

SEO 优化与排名根本是两码事儿，SEO 是根据网站的性质和流量的需要，有目的地提升网站在搜索引擎中的整体表现。并且搜索引擎的算法越来越复杂，而且更新变动很大，网站排名也会随之波动变化。

误区三：SEO 优化就是拉来流量，网站流量上去就行了。

对于不少网站来说，拉来流量只是一个开始，提升用户体验度，提升流量的转化率才是关键。

2.8.2 搜索引擎推广

与其他所有的商业网站一样，所有搜索引擎网站在积累用户的起步阶段都是很单纯的，他们会从用户角度考虑问题，在网站设计及功能方面一定会想尽一切办法讨好、方便用户，增加网站的用户黏度。当用户积累到一定规模时，网站便出现了广告，请大家原谅他们吧，这是商业模式，他们得活下来。

商业广告的出现，让搜索引擎营销变得更加有趣，接下来以目前国内流量比较大的搜索引擎网站——百度来举例说明（由于百度广告形式丰富且不断更新，以下仅以常见的几种百度广告形式举例）。

1．竞价广告

“竞价广告是一种由用户自主投放，自主管理，按照广告效果付费的新型网络广告形式。”这条概念摘自百度百科，我相信这一定是百度亲自为自己编写的词条。因为对核心词“竞价”并没有多做解释，那么作者就从广告主的角度来简单解释一下竞价广告。

以搜索“单反相机”为例，下图为百度网页搜索结果首屏截图（因为搜索结果首页太长，未完全截取），认真的读者可以数一数“推广”二字出现的次数，每当看到“推广”二字的时候，资深网友应该明白这就是广告，而“菜鸟”网友可能还暂时被蒙在鼓里，在百度推广中，这种广告形式被称作“竞价广告”。

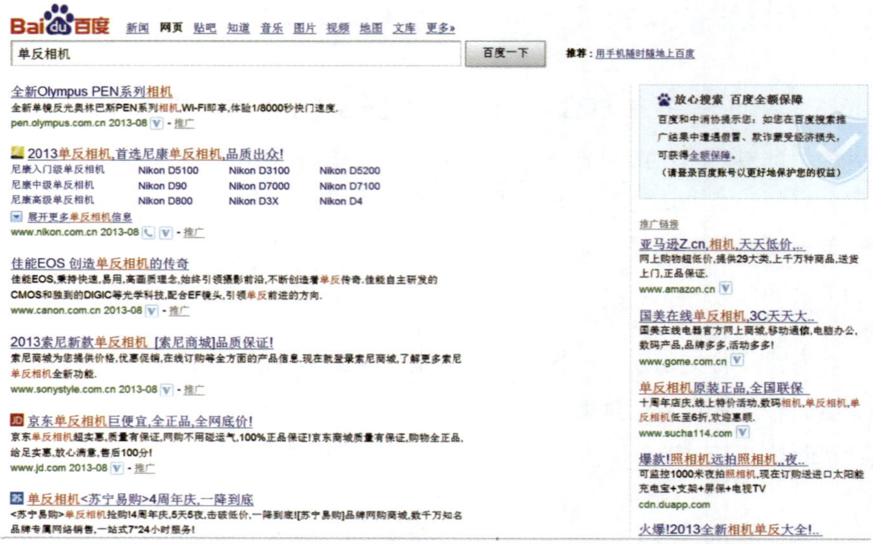

截图来自百度搜索结果

从广告主的角度来说，竞价广告的特征概括如下。

（1）关键词内容、数量不受限制，可自主设置

在不违反国家法律法规的情况下，广告主可自主编辑关键词内容，当然关键词要尽量具有相关性，根据用户搜索习惯编辑，以方便网友搜索到需要的信息。若你非要结合热点，则也可以极端地将“冠希哥”等创建为关键词，百度自然也会找到地方给你展现，只不过网友会不会点击，会不会反感就另当别论了。另外，关键词的数量一般不受限制，理论上创建的关键词越多，网友搜索到的概率会越大，但并非多多益善，不相关的关键词创建得再多也是浪费。

（2）竞价广告定向可投放

对于一些做区域性市场的广告主来讲，就算钱再多也不可能将广告打遍全国，这种浪费不叫可耻而叫可恨。竞价广告完全可以将广告定向到一

定的区域进行投放，这样可以节约广告费而且广告区域精准。

（3）谁出价高，谁就排名靠前

竞价广告是一种由用户自主投放，自主管理，按照广告效果付费的新型网络广告形式。还是以上图为例，在百度中搜索“单反相机”，排行第1位的是奥林巴斯，接下来是尼康、佳能、索尼、京东商城等，不要以为奥林巴斯牛到SEO做得如此神奇能使其独占鳌头，其实原理是此时此刻奥林巴斯在竞价广告后台操作系统中就单次点击出价高过其他广告主，即奥林巴斯、尼康、佳能、索尼、京东商城等均买了“单反相机”这个关键词，而假如尼康、佳能、索尼、京东商城等广告主设置网友点击一次其广告链接的单价分别为1.5元、1.2元、1元，而奥林巴斯出价为2元，则奥林巴斯就理所当然地位于百度网页搜索结果首屏第一位，没有办法，竞价广告就是这么简单粗暴。

（4）竞价广告按点击付费

就像百度百科中对竞价广告的描述那样，竞价广告按广告效果付费，即广告展现免费，用户点击一次收一次费用，不点击不收费，瞧，多么人性化的广告规则啊！

2. 品牌专区

百度百科曰：百度品牌专区是在百度网页搜索结果最上方为著名品牌量身定制的资讯发布平台，是为提升网民搜索体验而整合文字、图片、视频等多种展现结果的创新搜索模式。

没有办法，笔者发自肺腑地佩服百度的伟大，因为它总是能从提升网民搜索体验，方便网民搜索的角度出发，不断挖掘出可以冠冕堂皇增加其广告收入的新广告形式。

截图来自百度搜索结果

同样从广告主的角度出发，品牌专区的确为广告主的品牌提升起到很大作用，并且使网友更方便、准确、直观地找到自己想要了解的品牌或产品，其特征概括如下。

（1）白金专栏

对于广告主来讲，百度的搜索结果首屏有多达二分之一的图文并茂的位置可以对广告主的品牌或官方网站进行展示。广告主在这里可随意撰写及修改企业资讯、产品信息和最新活动等，多渠道实时发送官方最新市场信息，不仅展现信息量大，并且展示形式多样化，凸显品牌，提升品牌档次。这不得不令那些处在水深火热中的小企业们感慨：有钱真好！

（2）用户便捷

当潜在客户搜索具体品牌或产品时，品牌专区会很精准地将品牌展现在搜索结果的第一位，对用户来讲这相当便捷，同时经过百度审核过的品牌链接，可信度高，有效减少了潜在客户的流失。

（3）危机公关

对于一些小企业来讲，由于其知名度低，面对负面危机似乎不痛不痒，甚至有一些小企业巴不得有免费的负面报道来提升自己的知名度。而对于大企业来讲，负面报道就像是毒刺一样令其畏惧。而品牌专区的出现，水到渠成般地衍生出一种新的大品牌企业处理危机公关的手段，当企业的负面报道上升为社会热点时，必然有大量的网民通过搜索引擎搜索相关信息，此时如果该企业进行了品牌专区的广告投放，并且占据了百度搜索结果首屏的二分之一位置，则自然搜索结果中关于品牌的负面新闻将自动下沉，同时企业可以在品牌专区内进行解释和辩护。

3. 精准广告

百度百科又曰：精准广告是百度于2006年7月在当年百度世界大会上公布的创新广告形式，以让广告呈现且仅呈现在想要呈现的人面前为目标。

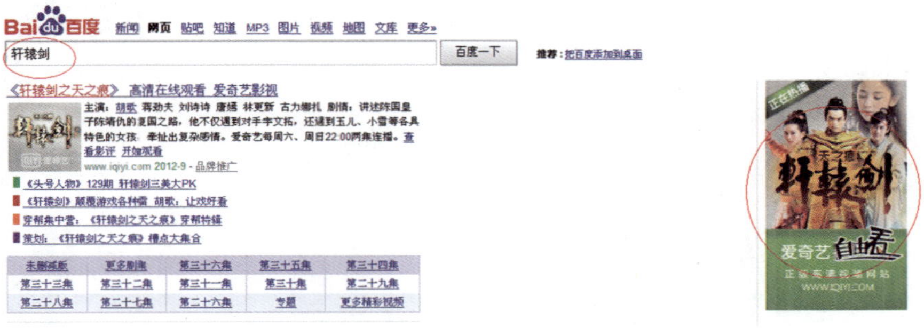

截图来自百度搜索结果

看了百度百科对精准广告的解释，笔者感觉这段话重点在说精准广告是百度在2006年的一项惊天大发明，完全没有对精准广告的概念进行真正意义的诠释。

作者继续从广告主的角度出发对精准广告进行解释，精准广告对广告主来讲具有如下特点。

（1）锁定受众

精准广告最大的特点在于能够通过分析用户上网的 Cookies 精准锁定受众，还可以根据广告主想要影响的人群特征，例如年龄、地域、收入、搜索习惯等锁定受众。一旦你被锁定，无论你访问百度的网页还是 MP3、图片、贴吧、知道等频道，精准广告会阴魂不散地跟着你。据一位在百度做技术的朋友称，百度一般锁定网友的周期为一周。

最近笔者被微软锁定了 Cookies，不管搜什么关键词微软的电脑广告都阴魂不散地跟着笔者，救命啊！

截图来自百度新闻频道

截图来自百度音乐频道

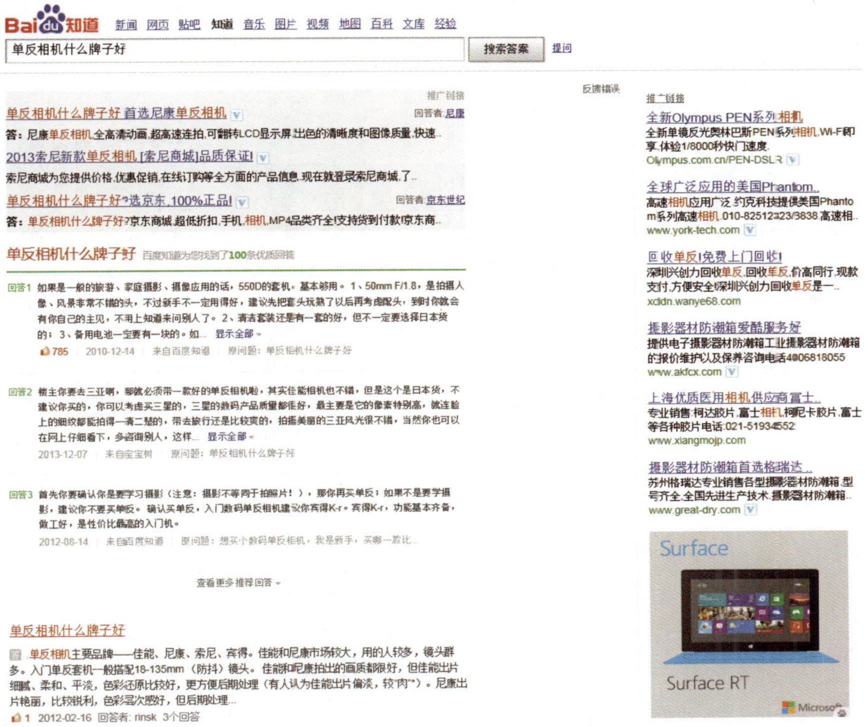

截图来自百度知道频道

（2）锁定竞品

这里以在快消行业内闹得比较火的王老吉和加多宝为例来介绍锁定竞品，加多宝的广告如下图所示。加多宝作为广告主锁定了“王老吉”这个关键词，结果搜索王老吉的人看到了大面积的加多宝广告，本来大多数消费者就分不清广药集团的王老吉和香港鸿道集团的加多宝，这样一来就更糊涂了。作者在这里顺便为读者解释一下，其实最初名声在外的王老吉和现在的加多宝的真正身份是加多宝，而现在的王老吉已经不是当年名声显赫的王老吉，而是广药集团的王老吉，是不是有点“你不说我倒明白，你越说我越糊涂”的感觉呢？引用本山大叔一句经典名言：“你大妈已经不是你当年的大妈，你大爷永远是你大爷！”

截图来自百度

（3）避免广告浪费

精准广告这种广告形式一方面能相对精确地锁定广告主的目标人群，在提升广告效果的同时避免了广撒网式的广告浪费；另一方面，精准广告按照点击付费，展示免费，目标人群点击后才产生广告费用，这听起来的确节省了广告主的开支。

至此，作者对 SEM（搜索引擎营销）领域的分析也就大致如此了，在本节中，作者将 SEM 分解为 SEO（搜索引擎优化）和搜索引擎推广两部分来阐述，前半部分用了大篇幅内容解释 SEO 的神秘和有效，但似乎被后半部分的搜索引擎推广这厮一棒子贬低得一文不值。当然，作者只是说“似乎”，对于仍然处在水深火热之中的小企业的穷兄弟来讲，SEO 仍是一种非常有效的推广手段，这种免费的推广手段你值得拥有，而对那些有钱的广告主们，我们只能说：“走自己的路，让他们打车去吧”。

2.9 娱乐营销——无娱乐，不营销

在这个碎片化的媒体时代中，每个人都想做可以改变生活的导演，每个人都想演饱满生动的主角，每个人都想解决自己生活中隐藏的那种“痛”，每个人都到处寻找情感上的共鸣。而娱乐，恰巧为你打开了这扇大门，让你毫无压力地观看世间百态，情至深处地感受酸甜苦辣。

提及娱乐，如果你还以为它是老百姓茶余饭后聊的那些明星的八卦新闻，那么只能说你对娱乐的理解太狭隘了。对于娱乐营销，百度百科是这样解释的：“娱乐营销是借助娱乐的元素或形式将产品与客户的情感建立联系，从而达到销售产品，建立忠诚客户的目的的营销方式。”如今，精明的商家越来越喜欢用“娱乐”的方式来撬动消费者的心弦，创造与时俱进的行为潮流，在无形之中让消费者受到影响，激发消费者的购买欲望，达到营销的目的。

湖南卫视算是开启全民娱乐时代的鼻祖了，从“脑残”偶像剧、“狗血”家庭伦理剧，到一档接一档的综艺选秀节目让观众目不暇接。江苏卫视、东方卫视、浙江卫视等各大地方卫视也如雨后春笋般地野蛮生长。通过简单的分析发现，他们无一不是通过娱乐节目来提升收视率的，足可见中国观众的日常生活中是多么枯燥和乏味！

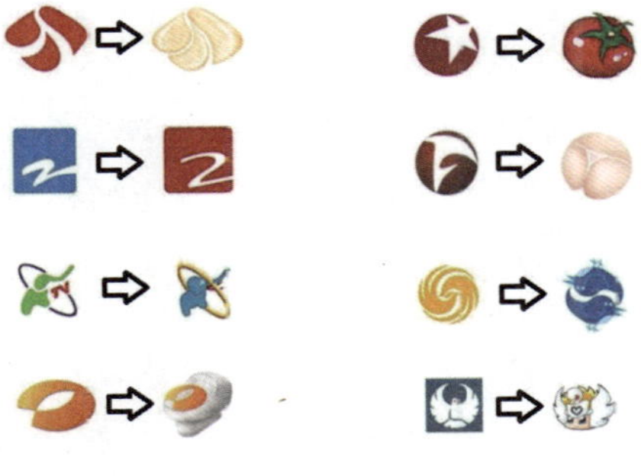

各大卫视的图标在网上被调侃

伴随着这些娱乐节目的是大量的品牌营销。

蒙牛与《超级女声》都已经是过去式了，步步高与《非诚勿扰》似乎已未老先衰，目前比较兴盛的例如《中国好声音》《我是歌手》《爸爸去哪儿》等几档综艺娱乐节目可以让我们窥见一斑。

2.9.1《中国好声音》唱红加多宝

“正宗好凉茶，正宗好声音。欢迎收看由凉茶领导品牌加多宝为您冠名的《加多宝凉茶中国好声音》。喝启力，添动力，娃哈哈启力精神保健品为《中国好声音》加油。本届《中国好声音》所有学员当中，4 位导师最得意的门生将踏上娃哈哈启力音乐梦想之旅，发短信参与……”王牌节目主持人华少的这段经典开场白俨然已家喻户晓，43 秒口播 350 个字广告的嘴皮子功夫（平均 1 秒吐 8.1 个字）使得华少赢得“中国好舌头”的美誉，而其中最大的受益者应该非加多宝莫属。

《中国好声音》(《The Voice of China》) 这档源自荷兰之声《The Voice of Holland》的歌唱类节目，继英国之声《The Voice》、美国之声《The Voice（U.S.）》、爱尔兰之声《The Voice of Ireland》爆红后，在中国也同样火得一塌糊涂，当年加多宝正值从王老吉进行品牌转换的生死存亡之际，《中国好声音》的出现似乎是老天爷对加多宝的眷顾，从绕口令广告、现场大屏幕、舞台地面到评委座位、选手入场大门……加多宝的 LOGO 及产品几乎无所不在。从电视收视爆棚，到地面数百场《中国好声音》巡演，再到互联网中各式各样的网络推广活动，一系列的线上、线下活动，在视觉、听觉、触觉上立体式地吸引了观众的注意力，在全面布局的娱乐营销策略下，加多宝所倡导的正宗文化广引起观众的共鸣。

与此同时，各种“好声音体”呈现于网络中，例如“中国好舌头”“中国好身材”“中国好领导”……就连央视也搞了一档唱歌类节目——《中国好歌曲》，而这些无疑是对《中国好声音》知名度的推广，更是对加多宝品牌本身的推广。

第三方的数据调研显示，由王老吉到更名加多宝后，加多宝品牌知晓度高达 99.6%，品牌第一提及率达到 47.9%，居凉茶品牌前列。在消费者选择与推荐方面，46.2% 的人会向亲友推荐加多宝，这使其占据了绝对领先优势。《中国好声音》的娱乐营销，使加多宝销量大幅攀升，同比增长超过 50%，在广东、浙江等凉茶重点销售区，同比增长甚至超过了 70%，用加多宝集团品牌管理部副总经理王月贵的话说："6000 万元的冠名费花得值"。

加多宝与《中国好声音》

2.9.2 999 感冒灵的温情营销

每每看到周华健，就会想起他慈祥和蔼地说："暖暖的，很贴心"，这句话虽然已经让很多人听烦了，但俨然已成为与"你的益达"同样经典的广告语。

早前 999 感冒灵的"感冒，也是一种幸福"的营销主题活动冠名《爱呀，幸福男女》节目强调"幸福感"；而与大型亲子真人秀节目《爸爸去哪儿》

牵手，再次与节目内容所表达的温馨、关爱完美契合，将感情牌打到了极致，最终也达成了品牌、节目双赢的局面。999 可谓是医药行业最擅长打温情牌的企业，没有之一。

《爸爸去哪儿》宣传图

2.9.3 立白的捆绑营销

相比加多宝和 999 感冒灵，立白洗衣液似乎就显得没那么特别幸运了。

首先，《我是歌手》与立白洗衣液在品牌关联度上无疑显得牵强很多，这种情况导致与之配合的立体式营销活动比较难以开展。《我是歌手》这档节目让观众对品牌商的记忆点不像加多宝和 999 感冒灵那么深刻，反而节目中那些动不动产生心灵共振、痛哭流涕甚至恨不得昏厥过去的“职业观众”们让人哭笑不得、记忆犹新，堪称“中国好观众”。再看看这档节目的 LOGO 设计，横看竖看，谁说不像是 7 天酒店冠名的呢？善良的 7 天酒店营销团队没有借机搭一把顺风车，这难道就是传说中的“业界良心”？本次冠名虽说也拉动了立白洗衣液产品销量的增长，但笔者始终觉得，这种效果无异于传统硬广告的投放效果，而节目本身对其销量的贡献可以说是微乎其微。

《我是歌手》主画面

网络上流传的《我是歌手》的“职业观众”

2.9.4 微电影时代

很多时候，其实有很多营销手段可以划分到不同领域，就看由哪个角度来阐述。微电影营销也可以被认为是视频营销的一种，不过目前微电影更加注重结合娱乐，所以笔者将其单独划归到此了。

微电影是网络营销和娱乐完美结合的产物。近些年微电影风起云涌，其原因很简单：

（1）人们的生活节奏越来越快，信息碎片化，不超过30分钟时长的微电影是视频营销中最适合利用网民碎片化时间的一种营销方式。

（2）微电影实现了无数有导演梦的“草根”们的愿望，也圆了无数爱表演的小伙伴的明星梦。

（3）“草根”微电影本身便具有先天的亲和力。

有关机构调研结果显示，追求创意的微电影已成为广告主投放广告意愿最高的视频形式之一。

吴彦祖为其代言的凯迪拉克拍摄了《一触即发》微电影，陈坤与东风标致合作拍摄了《选择爱》微电影。两位影坛“大咖”级别的帅哥倾情出演的微电影，无论是在播映前期的微博预热宣传、炒作，还是到网络平台的同步播出，抑或是后期在豆瓣、天涯等各大论坛的热烈讨论，都在互联网上遍地开花。企业结合娱乐元素的微电影，充分利用了明星的知名度，赚足了网友的关注，并为品牌赢得对消费者进行深度情感营销的平台，这是那些动不动播放几秒就要几十万元的广告片无法比拟的。微电影是娱乐和网络营销完美的结合。

陈坤出演东风标致微电影《选择爱》宣传海报

2.9.5《来自星星的你》还带来了什么

《继承者们》等韩剧带来的“韩流”，不经意间让众多“腐女”“假文青”乃至“师奶”们疯狂起来。在马年央视春晚上，李敏镐唱了一首韩文版《情非得已》后，成了多个中国品牌的代言人，其出场费自然也是芝麻开花——节节高。

一部来自韩国 SBS 电视台的电视剧《来自星星的你》又让这个冬天变得更长了。剧情的创新、女主角的美貌，男主角的长腿……只要看完第一集《来自星星的你》，观众便再也停不下来，也根本停不下来。一周又一周，不只是 20 岁的妙龄少女迷恋会瞬间移动的外星人，就连那些 30 岁的高级白领、40 岁的妇女们都难逃此劫，她们心甘情愿备受煎熬地等待观看网络在线直播，对于她们来说，一周中最快乐的时间再也不是周末，而是周三和周四。

《来自星星的你》让“韩流”再次来袭

在《来自星星的你》中，“叫兽”与“女神”的吃、穿、住、行、用几乎都是清一色的大品牌新款，《来自星星的你》火了以后，无疑引领了大众吃、穿、住、行、用的潮流。从 Hermes 上衣，到 Chanel、Celine 配饰，从 Prada、Gucci 的女包，再到 IOPE 的口红，这也让一部分原本不瘟不火的韩国本土品牌打包走向世界。

随着韩剧《来自星星的你》的热播，国内嗅觉灵敏的淘宝卖家怎能自甘落后，凡与该剧沾得上边的服饰、用品都在网上疯狂热卖，男女主角每次出场的行头、用过的东西在微信、微博上被疯传，“叫兽”与“女神”的每一套服装、饰品、化妆品等均被淘宝店主和粉丝们“人肉”出来，从 4 000 元的高跟鞋、6 000 余元的睡袋，到睡前读本，只要剧中能看到的，都可以在网上找到。淘宝统计数据显示，“《来自星星的你》同款”搜索指数环比上涨达 132.1%，不得不说“火到变态”了。

当炸鸡和啤酒这两样平凡得不能再平凡的东西在《来自星星的你》中碰到一起时，竟然产生了如此大的化学反应。一时间“炸鸡和啤酒”也成了网络用语。时值情人节之际，众多餐馆推出“炸鸡啤酒套餐”，让每一位想要假装“高富帅”的男人不得不为了追求心中的“白富美”而心甘情愿地埋单，虽然其价格不菲但依然销售火爆。国人概念里的“垃圾食品”摇身一变成了时尚与潮流的代名词，这也是互联网娱乐营销造就的“奇葩”案例。

《来自星星的你》虽然早已剧终，可引发的热潮仍在持续。2014 年 2 月，浙江台在节目创新上力压群雄，邀请大红大紫的“叫兽”加盟《最强大脑》，通过“外星人大脑 PK 地球人大脑”话题，引起收视狂潮，“叫兽”的加入使得《最强大脑》节目自开播以来收视率创历史新高，这也算是综艺娱乐节目惯用的娱乐营销手段了吧。

这是一个互联网技术高速发展的时代，各式各样的营销手段层出不穷，品牌与消费者沟通有太多的方式，但娱乐营销一定是不可或缺的。

无娱乐，不营销。

2.10 数据营销——一起来玩“数据”游戏

近些年，互联网营销中不断出现“大数据时代来了，大数据时代来了”的呼声，似乎听得我们耳朵都要起茧子了，大有一种“狼来了”的感觉。其实最早提出“大数据时代到来”的是全球知名咨询公司麦肯锡。麦肯锡提到，“数据，已经渗透到当今每一个行业和业务职能领域，成为重要的生产因素。人们对于海量数据的挖掘和运用，预示着新一波生产率增长和消费者盈余浪潮的到来。”这样的描述果然是高端、大气、上档次，不过，若要用像麦肯锡这样的标准来写数据营销，则首先笔者自知文笔水平羞愧难当，个人经验也没那么丰富，所以，笔者还是现实一点，用亲身实践经历来介绍一下数据营销，让“菜鸟”级的网友对数据营销先有初步的了解。

笔者曾帮一个朋友成立不到 3 年的 B2C 电商网站做过 3 个月的业余顾问，当去这家公司了解了情况后，笔者发现几个最主要问题：(1) 资金实力不足；(2) 网站推广盲目；(3) 网站体验及产品质量、价格等都具有不小优势，但客户回头率极低。于是，笔者以“专家”的口吻，正式向这个朋友提出这几个主要问题后，朋友像遇到救世主般异常兴奋，恳请笔者能尽快“出手相救”。网站资金实力问题是硬伤，笔者无力回天，在网站推广方面由于同样受到资金的制约也只能做一些简单的优化，而老客户回头率低倒是当前最容易解决、亟须解决并且能最快产生效果的问题，于是“提高客户回头率、培养客户黏性”成为笔者“改革”的第一步。

首先，笔者向这家网站的技术总监调取之前所有注册会员的网购交易记录，要求他们对这些会员数据进行地域、来访频次、网购产品等多维度的详细分析，而在此之前该网站从未做过这项分析。

通过分析发现，在十几万个注册会员中，在网站中购物过的约有 1.8 万人，而购物次数超过一次的却不足 50 人，并且这 50 人中绝大多数购物次数为两次。前面笔者也提到过，这家 B2C 网站所售的商品无论是质量、款式，还是价格、站内体验方面，均拥有一定的优势，其注册会员数达十几万并有 20% 的会员留有具体的手机号码等联系方式，但大多进行过一次交易后便一去不返。这是为什么呢？经过了解，笔者发现原因很简单，这个网站仅仅进行一些所谓“经济实惠”的站外推广，却从未对交易过的老客户进行信息推送，于是，笔者建议，在接下来的四周内，每周推出一款优惠产品，并将产品优惠信息除使用其他推广方式外，以短信的形式告知所有留有手机号码的会员。

就这样一个月过后，此网站交易量环比提升了 10%，但这点成效似乎并不如意并且严重有损笔者的“专家”形象，于是，笔者又对之前的数据进行了一次详细分析之后发现，在以往购物过的会员中，购买女性化妆用品、女性箱包的占到 70% 以上，由此可见，该网站的所有会员中女性占据主流，并且主流消费产品为女性用品类。于是，在接下来的一个月内，笔者建议该网站每周推出一款女性化妆品或女性挎包之类的商品，并筛选出女性会员作为信息发送的群体。又一个月过去了，该网站的销量环比迅速增加了 50%。后来，我们又根据用户的年龄、所在地区、交易金额等参数进行分析，创造了一个又一个的销售纪录，一年后，也就是写本章内容时，笔者特意打电话询问了那位做 B2C 网站的朋友，他们已经搬到一个高端、大气、上档次的办公室中了。

说到数据营销的重要性，不用笔者赘述，下面来看一个例子：

2013 年央视的“3.15”晚会集中曝光了互联网广告、搜索公司通过 Cookies 跟踪用户习惯、窃取用户隐私信息的行为。为实现精准广告投放商业目的，跨网站跟踪分析网民上网习惯，已成为搜索公司等互联网企业的普遍做法。精准营销成为近两年火热的网络广告概念，广告主获知用户喜好并进行一对一精准广告投放的需求日益强烈。

如果觉得这个例子还不够刺激，那下面就再看一些更刺激的例子。

美国中情局前职员爱德华·斯诺登所曝光的“棱镜门”事件应该足以说明数据的重要性了吧，只不过我们在营销商品，人家营销的是一个国家。

2.11 微博营销——“织围脖”要用心

2009年8月，新浪推出微博这款产品的测试版，这款允许发表140个文字及配图的SNS类新产品在短短数日便火遍互联网，起初没有邀请码似乎还没有资格玩这款新产品，这也许是新浪微博的饥饿营销吧。

霸气的微博一出现，分分钟取代了“偷菜”网站，而这些网站最早的形态应该是2007年出现的饭否网。时至今日，微博用户已超过5亿人，俨然已经成为一个不可或缺的营销领域，下面就走马观花地看一看现阶段的微博营销吧。

1. 泛滥型

谈到微博营销，最早最常见的营销手段应该是那种“关注并转发@三个好友，就有机会中奖”的形式，这种手段在早期算是有一定的曝光量，但用着用着就用烂了，参与的网友除@三个好友并转发微博外，大多数甚至对品牌都没有印象，只是很单纯地为了获奖。更令人气愤的是，微博中出现的抽奖专业户、“僵尸粉”拿走了大奖，不但令真的网友失落，更让他们怀疑企业抽奖的诚意，本来在参与阶段他们还记不住品牌，仇恨心理反而让他们纷纷记住了品牌，但是是负面的印象。

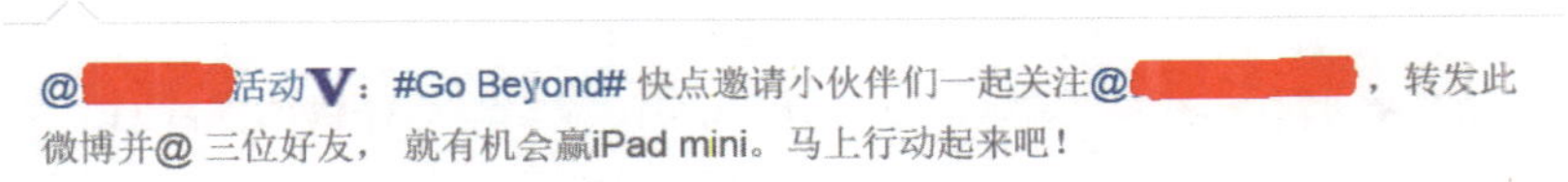
@[redacted]活动V：#Go Beyond# 快点邀请小伙伴们一起关注@[redacted]，转发此微博并@三位好友，就有机会赢iPad mini。马上行动起来吧！

2. 找骂型

有一种“下三滥”的微博营销方式基本是从雅安地震开始的，有一些企业和个人，在微博中发布消息：只要转发一次自己的微博，就捐出1元钱。也不知策划这种内容的始作俑者到底是怎么想的，先不论捐款是否属实，做慈善为何就不能纯洁一点呢？何必做这种花钱费力不讨好的事情？对于这种找骂型的微博营销，恕笔者在此一并鄙视了！

3. 乞讨型

互联网就是一个社会，充斥着形形色色的人，每当笔者看到微博账户右上角提醒有新的评论时，心中美滋滋地觉得“整个世界都在关注我”，兴奋地打开后，看到如下图所示的信息偶尔也会有不同程度的失落，你是否有过类似的经历？

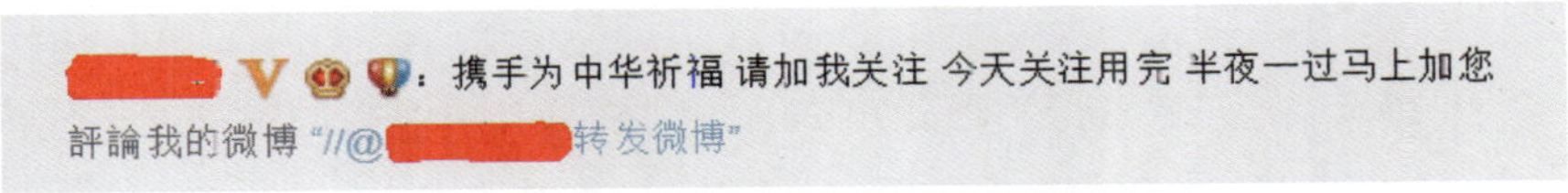
[redacted] V：携手为中华祈福 请加我关注 今天关注用完 半夜一过马上加您
評論 我的微博 “//@[redacted]转发微博”

看到这样的加了“V”并且每月又花了10元会费的博主屡次广撒网式地求“粉”时，笔者的心中像打翻了五味瓶，伤感、同情、不解、鄙视、纠结……

4. 自娱自乐型

如下图所示，做这种微博营销的人，发这种赤裸裸的虚假广告，转发和评论数量都能过万，也不知动用了多少“僵尸粉”和“机器人”，这是在公开挑战网友们的智商吧？这些加了“V”的“专家”都不计较一世英名了，我们也就不要再瞎操心了，让他们继续自娱自乐去吧！

以上这 4 种做法相信是所有网民都十分鄙视的，他们都是低端、粗俗的微博营销手段。接下来，让我们一起来学习一下真正意义的微博营销吧！

5. 苹果幽默式

2013 年 3 月 22 日，关于 iPad 2 的一则故事在新浪微博中被网友们疯狂转发，仅两天时间转发数量超过千万次。“Wife said no，Apple said yes”这则新闻分分钟成了网友们茶余饭后津津乐道的热门话题。紧接着各个微博大号、媒体官方微博也不遗余力地纷纷转载让这个事件爆炸性地扩散开来，直到平面媒体、电视等传统媒体也对此事进行了报道。

@[redacted]：美国一男子在购买iPad 2后迫于妻子的压力选择退货，在寄还的iPad 2上附带一张纸条，上面写着"老婆不让" (Wife said no)。苹果决定把这台iPad 2送给这名男子，并附带一直纸条，上面写着 Apple said yes。http://t.cn/htHDDe

收起 | 查看大圖 | 向左轉 | 向右轉

"Wife said no，Apple said yes"事件被网民疯传

姑且不管这件事是否属实，苹果的营销让业内人士不得不感慨：真牛！一台 iPad 2，换来客户的心，人情味十足，同时也换来了足够大的推广量。

6．三星式卖萌

无独有偶，三星的营销团队一定是受到了苹果"Wife said no，Apple said yes"微博营销的启发，立即"杜撰"了一个温馨的"吊丝逆袭"的故事，一个名叫 Shane 的加拿大小伙子，梦想着有一部三星最新的智能手机 Galaxy S III，于是便给加拿大三星分部发了一条真诚乞讨的私信，并称自己拥有多部三星产品，并手绘了一幅很傻很天真的喷火恐龙画像赠送给三星。3 个月后，Shane 收到了一部印有喷火恐龙的免费 Galaxy S III。因此"向加拿大三星分部卖萌"在微博上也顿时成为热门话题。

@凤凰网科技V：传说中，只要向着三星加拿大分部卖萌，就会有神龙出现实现你的愿望……（@fall_ark）

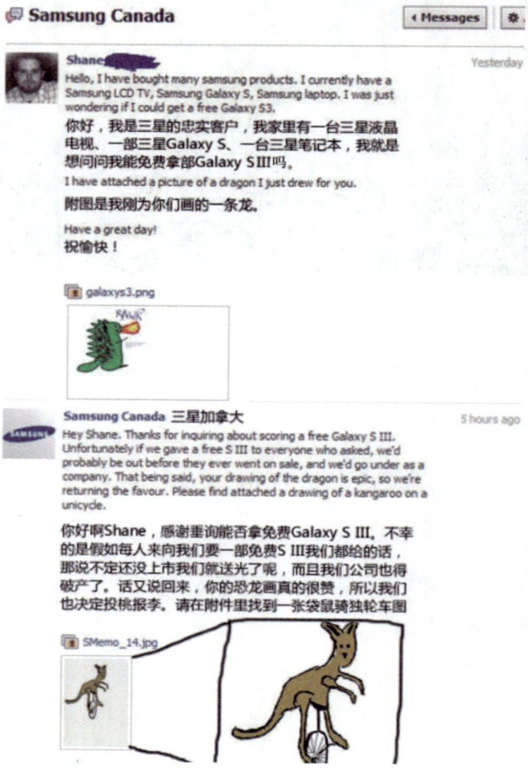

话说今年5月，加拿大一名三星忠实客户Shane同学心血来潮，在Facebook上给三星加拿大发了条私信求要免费手机，双方的对话很快就在网上走红，也成为了一时之间的媒体话题……

Samsung Canada　‹ Messages

Shane [redacted]　Yesterday

Hello, I have bought many samsung products. I currently have a Samsung LCD TV, Samsung Galaxy S, Samsung laptop. I was just wondering if I could get a free Galaxy S3.

你好，我是三星的忠实客户，我家里有一台三星液晶电视、一部三星Galaxy S、一台三星笔记本，我就是想问问我能免费拿部Galaxy S III吗。

I have attached a picture of a dragon I just drew for you.

附图是我刚为你们画的一条龙。

Have a great day!

祝愉快！

galaxys3.png

Samsung Canada 三星加拿大　5 hours ago

Hey Shane. Thanks for inquiring about scoring a free Galaxy S III. Unfortunately if we gave a free S III to everyone who asked, we'd probably be out before they ever went on sale, and we'd go under as a company. That being said, your drawing of the dragon is epic, so we're returning the favour. Please find attached a drawing of a kangaroo on a unicycle.

你好啊Shane，感谢垂询能否拿免费Galaxy S III。不幸的是假如每人来向我们要一部免费S III我们都给的话，那说不定还没上市我们就送光了呢，而且我们公司也得破产了。话又说回来，你的恐龙画真的很赞，所以我们也决定投桃报李。请在附件里找到一张袋鼠骑独轮车图

SMemo_14.jpg

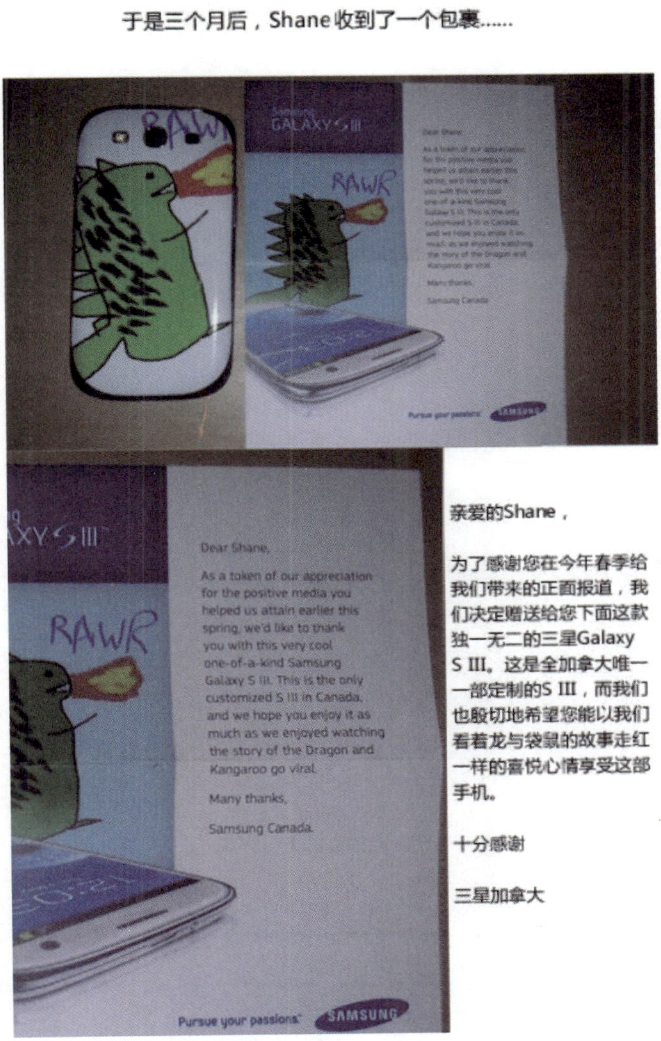

网传“向三星卖萌”原文

三星的“卖萌”事件虽没有苹果的“Wife said no，Apple said yes”事件影响力那么大，但也在微博上取得了不小的推广效果。

7．风趣幽默小杜杜

由于我们中国人相对含蓄保守，所以像杜蕾斯这种商品的传播推广在传统的平面媒体、电视媒体上似乎受到了太多限制，但上帝是公平的，互联网社交媒体的出现给了像杜蕾斯这样的商品一个很好的机遇，所以微博的出现立即被杜蕾斯盯上了。

（1）@作业本 的“怀孕事件”

微博不加“V”大号@作业本，是新浪微博中知名的“草根”账号，其拥有粉丝数百万，可谓是新浪微博中最火的“草根”之一。@作业本写微博语言幽默、犀利、讽刺，主要关注的话题有时政、电影等，几乎其每条微博的转发量都在上千条。

2012年4月12日晚间，长期熬夜的@作业本发了一条“恶搞”微博：“今晚一点前睡觉的人，怀孕。”杜蕾斯官方微博立即参与评论：“有我！没事！！”这则简单的对话将所有关注@作业本的粉丝逗乐了，@作业本本人也乐此不疲地继续回复并转发，在短时间内，相关微博已被转发7000多次，评论无数。

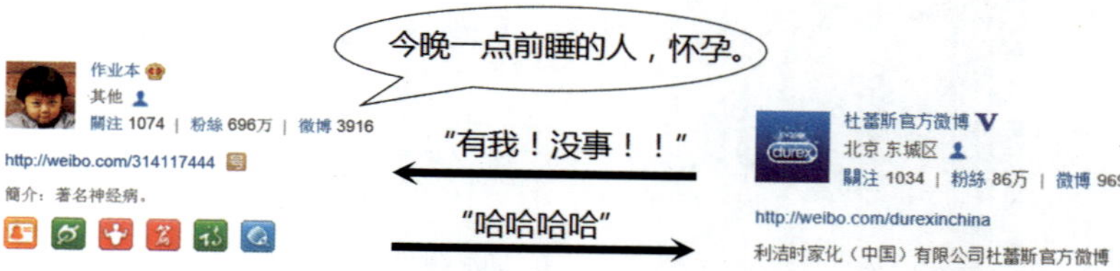

微博“草根”名人@作业本与杜蕾斯官方微博发起的“怀孕事件”

在微博运作中，杜蕾斯自称为“小杜杜”，常常与粉丝进行幽默诙谐的互动，久而久之，粉丝们觉得，小杜杜不仅仅是一个品牌，更是一个风趣幽默、个性十足的小伙伴，闲暇时与小杜杜交流是一件轻松开心的事情，这让其品牌形象立马大涨。除了经常与粉丝互动，杜蕾斯还常常盯着微博大号和其他品牌的官方微博，一旦发现有可以与其结合的内容，就会以幽默风趣的留言与之互动，也难怪其拥有大批高质量的粉丝。据杜蕾斯官方微博称，其粉丝数在 1000 个以上的粉丝超过 1000 人，粉丝数在 1 万个以上的粉丝有 232 个，粉丝数在 10 万个以上的粉丝有 30 人。常言道：粉丝不在于多，而在于精，而杜蕾斯官方微博的粉丝不仅多，而且精。

（2）杜蕾斯的“套鞋事件”

2012 年 6 月，首都下的一场暴雨成了全中国的热点，而且正值下班时间，很多人不方便外出或回家，这意味着会有很多人玩微博打发时间，杜蕾斯的运营团队便开始思考如何结合这个热点，于是“套鞋事件”诞生了。

微博小号 @ 地空导弹在当天下午 5 点 58 分发布了一张如下图所示的“小杜杜套鞋”的图片，两分钟后便开始被网友转发，其中不乏一些微博大号，此微博被迅速扩散，大约 5 分钟后，@ 杜蕾斯官方微博转发并评论“大家赶紧学起来！有杜蕾斯回家不湿鞋”。20 分钟后，杜蕾斯官方微博已排在新浪微博一小时热门榜第一名。据统计，此次微博传播覆盖至少 5000 万网民，之后，《China Daily》将这一事件评为最有代表性的社交网络营销案例之一。

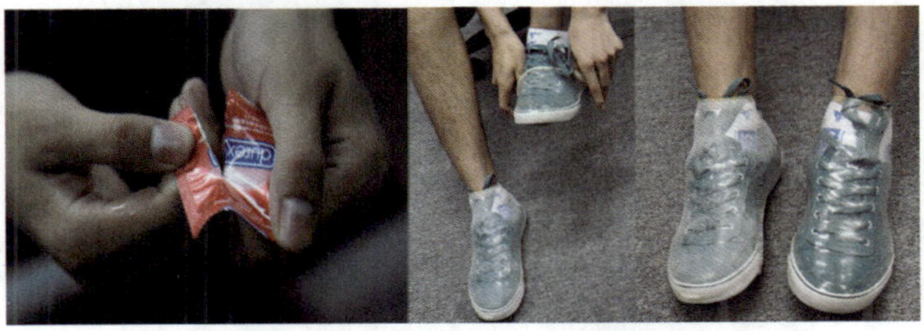

杜蕾斯“套鞋事件”微博被疯转

当然，除了创意足够新鲜、有趣，当时正逢微博在线人数众多，加上不知是否是事先策划好微博大号转发等之类的因素，使得这次小小的微博营销如此成功。另外有业内人士透露，大约有 15 个人在运作杜蕾斯官方微博。

一味标榜国外洋品牌的营销做得好，略显崇洋媚外，其实我们国内也有不少微博营销做得好的知名品牌，笔者在此也一并列举。

8. 人类已经无法阻止海底捞

2011 年 7 月 13 日，故事从博主 @ 上海美食攻略转发了另一位博主 @ 栗栗栗栗子 Eko 的微博并附带评论“人类已经无法阻止海底捞！”开始。@ 栗栗栗栗子 Eko 发布的内容是这样的：“上海 MM@ 栗栗栗栗子 Eko 在海底捞吵架，一旁的服务员突然给我们递来了花束和贺卡，打开一看！就在吵架时纯手写的啊！那么长！超感动啊！海底捞老板太欣慰了吧。哪里找来这么多好员工！佩服啊！生意能不好吗？！”博主还附带了一张现场照片，如下图所示。

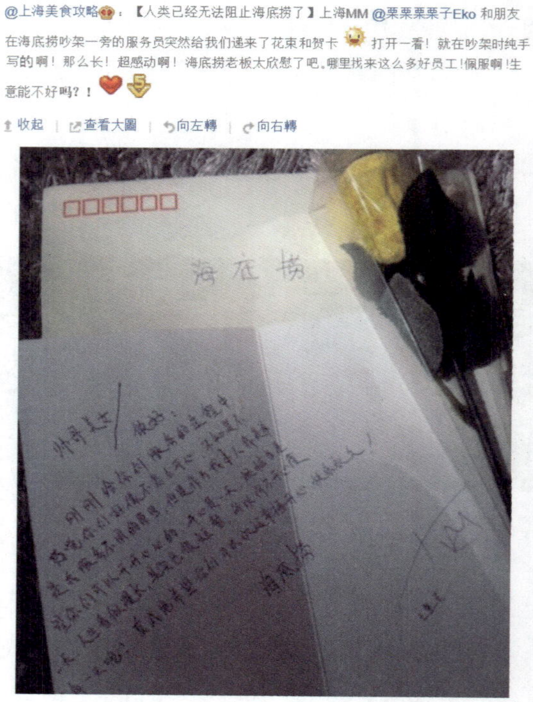

这条微博当时被转发了 2.4 万余次，此后，一种流行于微博之中的“海底捞体”便诞生并如熊熊烈火般地蔓延着。

张三的段子是：我在海底捞吃饭，忘带钱了。领班说：“没关系，下次补。”又掏出 50 块钱：“这个您拿着打车。”兄弟我感动万分，由衷地说：“等我有钱买车，一定给海底捞当一个月的义务司机。”领班马上掏出一张银行卡：“拿着现在就去买。”又喊过来一群服务员：“听大哥口音，不像是本地人，估计没北京户口，你们现在就去排队帮大哥摇号。”

李四的段子是：去海底捞吃夜宵结果门口有人乱停车挡住了路，半天找不到车主，结果下来一群服务员把车抬开了！！！危机公关做得太到位了！世界已经拦不住海底捞前进的脚步了！！！

王二麻子的段子开始夸张了：海底捞送整只的西瓜，送霸王餐；服务员倒错汤后主动送上涂有“对不起”字样的玉米饼。

更夸张的一条段子是：有网友和朋友讨论想要未发布的 iPhone 5，结账时当班经理果然给送了一部，盒子上还有乔布斯的签名。

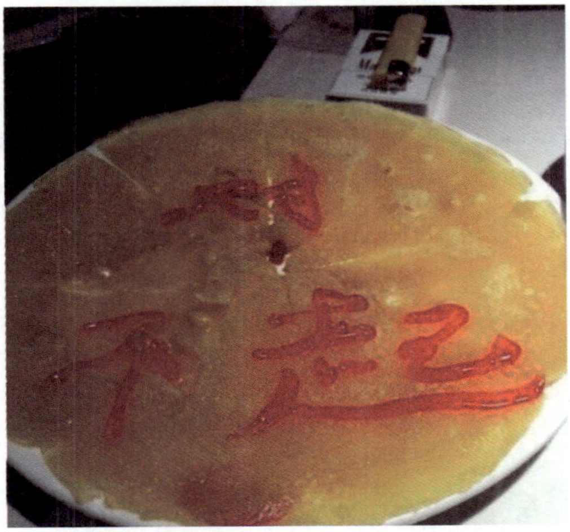

网传服务员倒错汤后主动送上涂有“对不起”字样的玉米饼

赵六自然也不甘示弱：一大早肚子狂痛，心想不会是因为昨晚吃了海底捞吧？海底捞随即联系我，当天吃完饭回到家，海底捞吴中路店的店长已经提着果篮站在了我家门口了。

……

无论如何，人类已经无法阻止“海底捞体”的蔓延，其俨然已成为当时继“淘宝体”、“凡客体”后微博上最火的段子体。海底捞火锅店从此火了，“海底捞服务超好”的概念也深深地注入消费者的印象中，“吃货”们分分钟都萌发着想去海底捞体验的念头。记得那是2011年的第一场雪（比2010年来得稍晚一些），笔者在大冬天去上海出差，愣是花了54元打车去体验了一下海底捞的服务并被服务员赠送的眼镜布所打动。

9. 支付宝的道歉信

2012年7月30日，支付宝的官方微博彻底红了，一则简短的道歉信引来超过6万名网友的疯狂转发和超过两万条的评论。

如下图所示，在支付宝之前举办的一次抽奖活动中，有236名用户中得了5元代金券，因工作人员的失误，将其写成了iPad 2，于是支付宝将错就错，决定发放236台iPad 2以致歉。正如支付宝官方微博所说的，这件“比较傻”的事情，却像一块投入水中的大石头激起千层浪，除了被大量转发传播，各大网络、平面媒体也就此事进行了报道。

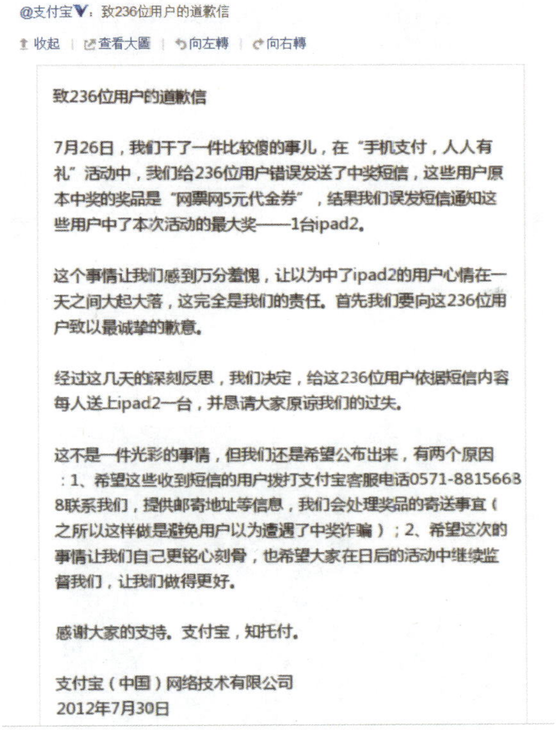

@支付宝V：致236位用户的道歉信

收起 | 查看大圖 | 向左轉 | 向右轉

致236位用户的道歉信

7月26日，我们干了一件比较傻的事儿，在“手机支付，人人有礼”活动中，我们给236位用户错误发送了中奖短信，这些用户原本中奖的奖品是“网票网5元代金券”，结果我们误发短信通知这些用户中了本次活动的最大奖——1台ipad2。

这个事情让我们感到万分羞愧，让以为中了ipad2的用户心情在一天之间大起大落，这完全是我们的责任。首先我们要向这236位用户致以最诚挚的歉意。

经过这几天的深刻反思，我们决定，给这236位用户依据短信内容每人送上ipad2一台，并恳请大家原谅我们的过失。

这不是一件光彩的事情，但我们还是希望公布出来，有两个原因：1、希望这些收到短信的用户拨打支付宝客服电话0571-88156688联系我们，提供邮寄地址等信息，我们会处理奖品的寄送事宜（之所以这样做是避免用户以为遭遇了中奖诈骗）；2、希望这次的事情让我们自己更铭心刻骨，也希望大家在日后的活动中继续监督我们，让我们做得更好。

感谢大家的支持。支付宝，知托付。

支付宝（中国）网络技术有限公司
2012年7月30日

网传支付宝的道歉信

虽有网友质疑不断，但支付宝公关总监在接受媒体采访时表示：“不会有企业拿这么丢脸的事情来炒作。有错在先，没什么好说的。”当然这件“比较傻”的事情是否为自我炒作，我们也无从考据，无论是有心或是无意的，这次微博营销是值得借鉴的。

当然，除了以上这些内容营销外，企业也更应该以官方微博作为业务接口，提升服务效率，将业务透明化，拉近企业与消费者的距离，这也是一种树立口碑的好方法。

虽说微博只能发布短短140个字加配图，但是用其进行营销时，它却是一个设计缜密的策划案，正所谓麻雀虽小五脏俱全，“织围脖”是要用心的。

2.12 微信营销——由全民“打飞机”说起

啰啰唆唆地写了这么多，每每提及一种新的营销方式时，笔者总是要在章节的开头解释一下它的概念，但在本节笔者突然产生强烈的抵触情绪，实在不忍再继续写下去了。一方面，写这种理论性、高度概括的内容实在没有必要；另一方面，笔者能隐约感到本书的读者一定是业内高人，要是笔者在此“忽悠”读者何谓微信营销，那么对于读者来说，绝对是一种极大的侮辱。

2.12.1 为什么是微信

2011 年 1 月 21 日，互联网巨鳄腾讯推出了微信这一功能强大的即时聊天工具，其凭借着发送文本信息、语音对讲、图片传送、摇一摇、附近的人、游戏等系列功能，用短短 3 年时间风风火火地迎来了超过 6 亿的用户。如下图所示，笔者作为这 6 亿用户中的一员，整天自诩为一名研究互联网营销的“业内专家”，在这么牛的软件诞生半年后，才开始加入微信用户的队列，多少还是有些惭愧。

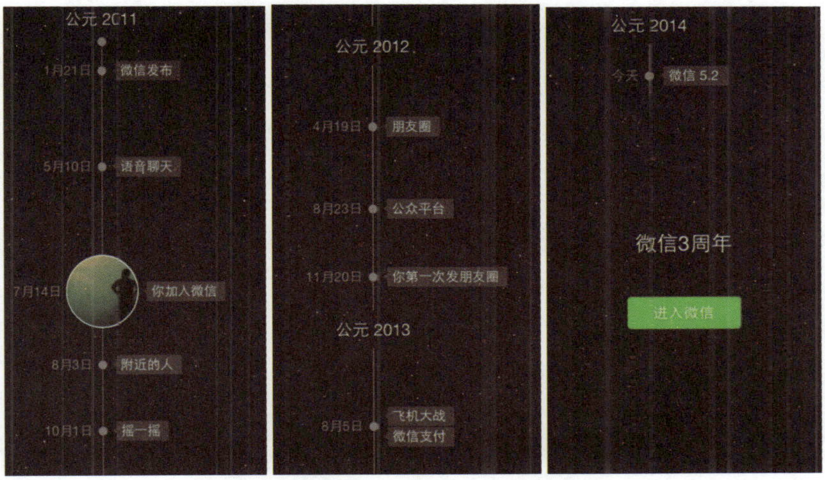

微信 5.2 版本欢迎界面

想必普通网友和笔者一样净顾着发信息、发朋友圈、摇一摇了，完全没有时间和精力去研究一下为什么是微信能一下子爆红于移动互联网，而不是其他的东西呢？俗话说，饮水思源，为表示对帮助我们省下不少手机话费的微信的崇高敬意，笔者觉得还是应该客观地分析一下微信。

在下面这些图中，你们都认识哪些呢？不认识不要紧，让笔者按照从左到右、从上到下的顺序一一来介绍一下，它们分别是：微信、米聊、kik、talkbox，那么中间那个图是什么呢？对了，那只是一个问号。

移动互联网流行曾流行过的软件

那么它们几个之间又有什么关系呢？下面笔者就形象地介绍一下。

有人说：微信的爸爸是米聊，米聊的爸爸是 talkbox，taklbox 的爸爸是 kik；而有人说：kik 是米聊的爸爸，talkbox 是米聊的妈妈，而微信是一只来自星星的灰太狼。

我们姑且不必纠结这四者之间的复杂关系，我们要关注的是为什么微信可以后来居上，下面笔者简单分析一下。

1. 省钱便捷

在近几十年，三大移动运营商“赤裸裸”地垄断着移动通信市场，消费者们苦不堪言而又敢怒不敢言。随着移动互联网的发展，智能手机的出现和普及，以及微信的出现，一种叫作 OTT 业务的发展严重危及三大移动运营商（OTT，即 Over The Top，是通信行业非常流行的一个词汇，这个词汇来源于篮球等体育运动，有“过顶传球”之意，指的是球类运动员将球在他们头上传送最后到达目的地，即互联网公司越过运营商，发展基于开放互联网的各种视频及数据服务业务，强调服务与物理网络的无关性）。

这些概念总是让人看不懂，说得直白一点就是消费者通过微信绕过了三大移动运营商的通信线路，使用其数据流量业务同样实现了发信息、语音通话、视频通话功能，大大节省了消费者的通信成本。笔者不是学计算机专业的，但以计算机语言的方式算了一笔账：

1MB=1024KB，1KB=1024Byte，1 个汉字 =2Byte，即 1MB=1024×1024 ÷ 2=524288 个汉字；

1 条短信只能发 70 个汉字，那么，1MB 的流量可以发 524288÷70= 7489.82 条短信；

1 条短信 1 毛钱，1MB 流量 3 毛钱，3 毛钱通过传统移动运营商只能发 3 条短信，而通过微信最少可以发送 7489 条短信。

这样掐指一算再加上微信的多功能及便捷性，如果你还继续像以前那样发短信，会不会被人骂是“人傻钱多”呢?

也难怪微信的火爆让那些运营商们虎躯一震，立马就坐不住了。

2. 互动性，私密性

在微信诞生之前，微博已经风光了几年，同时微博的弊端也开始逐渐凸显——鱼龙混杂、真假难辨、漫天广告、缺乏管理、开放公开、隐私性差等。互联网需要微信这样既不缺乏互动性，又没有微博的明显弊端（特别在隐私性方面）的一款互联网应用工具，微信抓住了这个机遇，满足了网友的需求，于是也就顺理成章地诞生了。

3. 大树底下好乘凉

和大众点评、滴滴打车乃至京东相比，微信更像是一个“富二代”，QQ 用户到底有多少人笔者不得而知，但从 2013 年年底《人民日报》中的一则报道：“腾讯 QQ 近日发生数据库外泄事件，波及 7000 多万个 QQ 群、

12亿个部分重复的QQ号码……”中可见，QQ用户的基数是多么庞大。微信一出生就立即得到了QQ的大力支持，通过读取好友信息，通过好友之间的信任度，不断将微信推送给QQ用户，就如同当年开心网的邀请功能，小马哥（马化腾）也承认微信最初导入的关系链全部是QQ关系，小马哥也曾透露，微信用户数量已经超过QQ用户的一半了。

4．移动互联网的需要

在过去的数十年，互联网还只是一个PC端的概念，而3G数据时代和苹果手机及平板电脑的出现，以迅雷不及掩耳之势开辟了一条智能终端之路，iOS和Android系统让互联网神速地发展到了移动互联网领域。PC端已经有了QQ，移动终端亟须一款应用软件来实现PC端中QQ的功能，微信的诞生恰巧具有天时、地利、人和，所以其毫无悬念地火了起来。说到这里，不得不说一下很多业内人士关注的问题——微信和手机QQ，众多业内人士认为，本是同根生的微信和手机QQ变成最直接的竞争对手是一件“坑爹”的事情，其实不然，小马哥曾经说过：“二者不是相互替代的关系，而是自我更新。”小马哥，你说的有道理。

2.12.2 微信的微信营销：今天你“打飞机”了吗

打飞机——在2013年8月5日微信5.0版本发布后就变成了一种时尚的见面问候方式：“今天你打飞机了吗？”

微信5.0版本发布后，随之而来的是一款名为“飞机大战”的游戏，这款游戏被放在了该版本系统中首要的位置进行推广，从这款游戏俗不可耐的名字及黑白的游戏界面质量猜测，其应该不可能兴风作浪，但事实证明，互联网总是能化腐朽为神奇，上亿网民造就了一场“全民打飞机”的狂潮，同时也为微信新增海量用户。

这不得不说是腾讯的一次伟大营销策略，但话又说回来，作为互联网“一哥”、拥有数亿个 QQ 用户的小马哥来讲，还有什么想玩玩不成的呢？那么咱们还是接点地气、赶赶潮流，恶补一下普通小企业能触手可及的微信营销，看看能否从中学到什么吧。

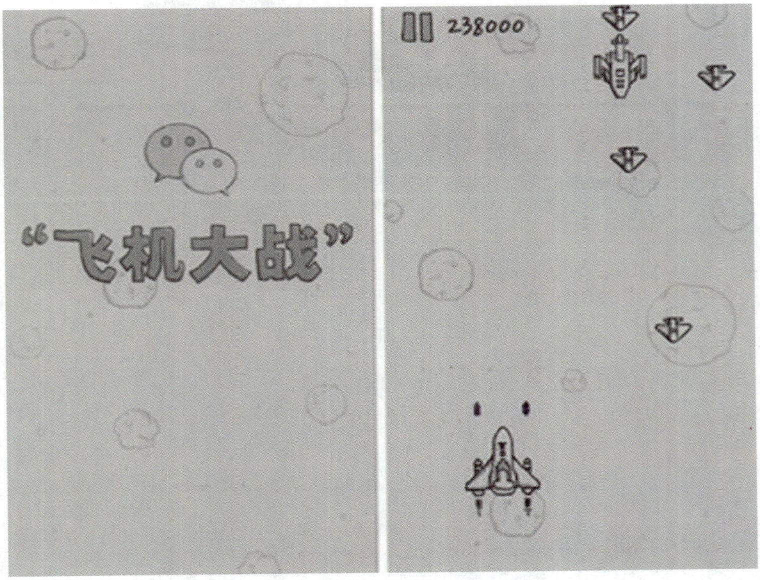

微信 5.0 主推的“飞机大战”截图

2.12.3 汽车行业的微信营销：汽车打飞机

虽然常言道：“同行是冤家”，但在营销领域中没有冤家，那么笔者就在此夸一夸自己的同行吉利汽车。

不可否认，民营企业体制的经营的确灵活很多，这在营销领域更能体现出来。借着“打飞机”游戏的热潮，吉利汽车不可否认地在汽车行业营销中先人一步。

吉利汽车微信“打飞机”大赛专题界面

按照活动规则，微信用户搜索“205××××××”微信号并添加为好友，便可成为吉利一款定位时尚活力的新车型的微信粉丝，接下来用户可以开始拼命地“打飞机”，每天下午 4 点，吉利汽车会公布结果，不需要“打飞机”打到第一名，只要排名在吉利账号的前一位，便可获得 iPad mini 一台，其他参与活动的粉丝同时也有机会获得手机充值卡的奖励，获得全国“打飞机”冠军的参与者，将赢得 5 万元的创业基金。

总结一下本次微信营销活动的亮点。

1. 结合产品定位，紧贴时下热点

吉利全球鹰这款新车型在定位上面强调时尚活力，以网络中的年轻人群为目标群体，拥有此特征的人群恰恰是追求时尚的微信用户群体，而玩“打飞机”这款游戏的微信用户更具有关于时尚、科技方面的知识，敢于尝试新鲜事物，加之熟知这款经典老游戏的玩家普遍具有怀旧心理，其年龄层级更是与这款车型的目标受众精准匹配。

2. 诚挚亲切

借助“汽车打飞机”这款经典游戏的特性，为期两个月的活动给吉列汽车的微信粉丝们一种不言而喻的怀旧感、亲切感，加之每天一部 iPad mini、若干张手机充值卡、全国总冠军 5 万元的奖金，充分表现了吉利汽车的营销诚意，拉近了品牌与消费者之间的距离，给消费者一种心理暗示：吉利汽车新潮、时尚、科技、创新……让其毫无广告痕迹地进行了一次成功的移动互联网营销。

3. 线上与线下联动

随着线上活动的开展，吉利汽车在全国的 4S 店也配合线上展开了声势浩大的“打飞机”比赛，充满童趣的游戏内容、意外的实物奖品，使得活动一落地，便吸引了大批“打飞机”游戏爱好者及吉利汽车潜在车主纷纷前往 4S 店参加比赛，这俨然成为一种十分有效的引导客户到店的手段，加之游戏本身具备的“病毒性”，使此次活动“口口相传”，为 4S 店带来了许多潜在客流。

"汽车打飞机"线下活动颁奖仪式

4. 营销创新

汽车企业和快消品企业不同，它们十分注重品牌的形象，所以注定不能无底线地进行品牌及产品的营销活动。随着互联网的发展，以及人们愈加前卫，微信的"打飞机"成为一句十分流行、调侃的问候语，而正当其他同行还没来得及思考或不敢思考结合时下这款最热门的"打飞机"游戏进行营销活动时，吉利汽车及时出手，先人一步，这表现出了其在营销领域的思维更积极，视野更开阔，也充分体现了民营企业的灵活经营方式。

根据非官方统计的数据，吉利汽车这次创新之举也取得了不错的效果：

微信活动账号增加好友 30297 人；

微信朋友圈持续发布"# 互动驿站 #""# 获奖微访谈 #"等互动话题共计 210 条；

传播推广（持续工作）总曝光量为 4.06 亿次，点击总量为 3221 万次；BBS 精华帖共有 139 篇，社区 BBS 发帖共有 1002 篇；BBS 互动评论总数为 47.7 万条；

微博“# 吉利 GX7 飞机争霸赛 #”活动信息推广、有奖转发活动转发总量为 111.3 万次，评论总数为 58.6 万条；

“吉利 GX7 飞机争霸赛之歌”的总播放量为 62 万次。

首页 > 汽车行业 > 厂商要闻

原创 浅谈吉利微信“打飞机” 营销新思维

2013-12-23 11:30　出处：pcauto　责任编辑：赵婷婷　0

互联网及移动互联市场在国内的高速发展，使网络成为大众获取信息的最重要渠道，据统计，70%的潜在消费者通过网络了解汽车相关信息。同时，网络口碑成为影响消费者购车决策的关键因素，汽车营销也因此呈现互联网化的趋势。吉利汽车同样注意到消费者通过移动终端、对微信等新兴社交应用的关注，并着手利用互联网，开展基于新媒体、移动互联的精细化营销活动，突破了常规的营销活动方式。

太平洋汽车网对吉利“汽车打飞机”活动的点评报道

搜狐汽车 | 汽车频道 > 专题 > 汽车营销 > 案例评析

中国汽车营销创新案　吉利GX7飞机争霸赛

正文　我来说两句(0人参与)

2013年12月17日15:33　来源：搜狐汽车　作者：综合报道

搜狐汽车对吉利“汽车打飞机”活动的案例分析报道

“汽车打飞机”营销活动的大胆创新令汽车行业各厂家、媒体纷纷对吉利汽车“点赞”。

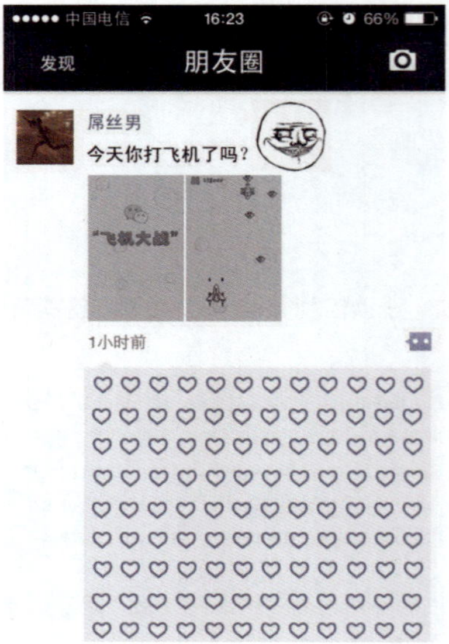

2.12.4 快消品的微信营销：风趣幽默的杜蕾斯

笔者把杜蕾斯定义为快消品，读者应该不会有太大的意见吧。在我们讨论新媒体营销时，每每提及微博营销，总也离不开像幽灵一般的杜蕾斯的身影，不可否认，杜蕾斯俨然已是新媒体营销界的泰山北斗了。

2012 年 12 月 11 日，杜蕾斯官方微信向其所有粉丝推送了一条信息：

“杜杜已经在后台随机抽中了十位幸运儿，每人将获得新上市的魔法装一份。今晚十点之前，还会送出十份魔法装！如果你是杜杜的老朋友，请回复‘我要福利’，杜杜将会继续选出十位幸运儿，敬请期待明天的中奖名单！悄悄告诉你一声，假如世界末日没有到来，在临近圣诞和新年的时候，还会有更多的礼物等你来拿。”

两个小时过后，杜蕾斯便收到几万条“我要福利”的微信，十份丢进粉丝群的小小“福利”却掀起一场巨大的波澜，这次有效的营销手段不仅能拉近企业与消费者之间的距离，给消费者以亲切可爱的感觉，相信也为杜蕾斯新增了不少粉丝。

其实微信营销和其他所有营销类似，比的是创新性、互动性、传播性……而要做好这些，前提是基于对微信所有功能的深入了解，对用户需求的深入了解加之机智灵活的营销头脑……

2.12.5 微信营销的思考

1. 微信发红包

在 2014 年马年春节期间，互联网上最热闹的事情当属“微信发红包”了，深谙中国人有在春节发压岁钱风俗习惯的微信在推出“打飞机”游戏之后又一次让微信用户沸腾了，只要用户在微信的“银行卡”界面通过十分简单的步骤绑定自己的银行卡，便可以向微信用户发红包了，而微信用户要做的就是点击一个链接，打开红包，便领取了数额不等的红包。人们所具有的过年图个喜庆、讨个吉利、好玩的心态，使得“微信发红包”席卷了整个移动互联网。话说舆论的压力可真是强大，笔者在数十个同事们苦口婆心、软磨硬泡的劝说下，毅然绑定了银行卡，开通了微支付（之前笔者不愿随意绑定个人银行卡信息），并咬紧牙关从银行卡中挤出 200 元现金进行红包的发放，在数秒内红包被一抢而空并收到了数十个“感谢”，看着同事们因为抢到几元钱而异常兴奋，笔者的脑海中顿时闪现出十分邪恶的想法——再发一次红包，原来往外发红包也会上瘾，好在微信规则让笔者回归了理性——最多只能发 200 元红包。

微信发红包界面

“微信发红包”活动从除夕一路发到大年初八，有超过 800 万个微信用户参与了抢红包活动，并且有超过 4000 万个红包被领走，红包总金额超过 4 亿元。马云为了鼓励用户将银行卡与支付宝绑定，给用户发红包，而马化腾自己没花一分钱，让用户给用户发红包，使得开通微信支付功能的用户剧增，微信也因此名利双收。连马云自己都佩服地说马化腾是“偷袭珍珠港”。而业内用“微信红包在一夜之间干完了支付宝花了 10 年干的事情”这句话表达了对这次微信红包营销活动的敬仰。

讲了这么多，其实笔者想说的是，如此经典的微信营销创意，似乎尚没有企业去学习借鉴，多少有些可惜，那么这就留给读者们去思考吧！

2. 土豪陈坤的“微信门”事件

2013 年网上流传着这么一个段子：

【通过微信，陈坤可轻松收入千万元】你只要缴纳 18 元，就可以成为陈坤微信平台的月度会员；只要缴纳 168 元，没错只要 168 元，就可以成为年度会员。会员不仅可以查看陈坤的私房照，还能听到陈坤给你道晚安、早安。在他的 100 万个粉丝中，只要有 10% 是铁杆粉丝，他就能获得 1680 万元收入。

此段子一出，紧接着有人爆料陈坤的微信账户日进 700 万元（如果真是这样，叫陈坤“土豪”一点也不为过），此后央视也出来点名质疑，陈坤本人立即站出来否认。

陈坤“微信门”事件

我们姑且不论此事件的真假，单从微信这种赢利模式看其一定是十分可行的。所以笔者目前也正在绞尽脑汁思考如何结合这种赢利模式进行微信的营销创新，能小赚一笔钱那自然是最好的了，读者们也一起来思考吧！

谈到微信营销，其可圈可点的地方实在是不胜枚举，而微信营销手段也会迅速地被刷新，这就是互联网时代的速度。

2.13 移动互联网营销——“低头族”们华丽登场

在苹果 iPhone 尚未出现的那些年，2G 时代的移动营销大概也就只能围绕着短信、彩信、彩铃等做文章，而这些在现在看来是那么老土。

3G、4G、iPhone、iPad、iOS、Android、平板电脑……一时间这些高端、大气、上档次的新词以迅雷不及掩耳之势迅速闯入了我们的生活，你要是不知道这些新词，出去都不好意思跟人打招呼，“90 后”会对着你说：“你太 low 了”，就连步入中年的“80 后”都得鄙视地管你叫“Out Man”。

2.13.1 “低头族”的诞生

2013 年无疑是移动互联网爆发的一年。根据工信部公布的数据，截至 2013 年 7 月移动互联网用户达 8.20 亿人，3G 用户达 3.34 亿人。无论是在地铁还是在公交车中，手持手机、平板电脑的人们个个都做“举头揉眼睛，低头看屏幕”状，甚至在家庭团圆、朋友聚会时，也同样会以低头状冷落家人、怠慢朋友，他们有着一个华丽的名字叫“低头族”。

“专家”们曾预言移动互联网人数即将超过 PC 端网民人数，从上述数据来看，“专家”们的预言显然成功了。而眼睁睁看着这个若干个国家人口总数加起来都望尘莫及的庞大数字时，身为营销人会如何反应呢？我想，即使不垂涎三尺地惊呼："移动互联网营销时代终于来了！"至少也得两眼放光，心中窃喜吧。

"低头族"

2.13.2 移动互联网营销时代到来

"在传统互联网营销界跌跌撞撞地尚未学会走路，没想到就要开始在移动互联网营销界学奔跑了"，笔者曾经感慨道。

是的，没有办法，这是一个互联网高速发展的时代，也是互联网营销高速发展的时代，如何在移动互联网营销中独领风骚，似乎是所有营销人面临的一大难题。虽然在传统互联网领域未能叱咤风云，但也曾激起过千层浪，作为非知名营销人士的笔者，自然不会放过对于新兴的移动互联网营销的研究，无论研究是否深入，在此也都倾囊相授了。

1. 简单粗暴的移动互联网广告

要了解移动互联网营销，首先从了解向来简单粗暴的移动广告开始。智能移动终端的普及带来了成千上万的应用程序，会说话的 TOM 猫、愤怒的小鸟、水果忍者……就连单纯得不能再单纯的手电筒应用程序也被活生生地植入了广告，无论如何，这也算是移动互联网营销早期的一种手段，虽然其已经用烂了。

随着用户对移动应用程序的不断清洗，能留在用户智能终端并被频繁使用的应用程序成了移动互联网广告的最优质载体。新闻类的网易、凤凰客户端等；社交通信的微信、移动 QQ、微博等；视频类的优酷、爱奇艺等娱乐类的美图秀秀、唱吧等，还有更多的细分市场、使用频次较高的移动应用程序均陆续开放广告位售卖，成为各大企业争相投放广告的宝地。至此，移动互联网广告营销也开始逐步走向成熟。

2. 以不变应万变的内容营销

众多业内“专家”一直在强调，移动互联网营销绝不是传统 PC 端互联网营销的“搬家”。“专家”们说的我都同意，但无论营销平台如何发展，营销手段如何千变万化，内容营销永远不变。没有内容，光靠扯着嗓子卖广告，以为消费者“人傻钱多”的企业，是对自己智商的侮辱。

内容营销在企业日常运营的微信、微博等营销平台中显得尤为重要。人们开始排斥广告，讨厌入侵式、拦截式的营销手段，而对于具有丰富内容的文字、图片、视频信息却是喜闻乐见的，这也是内容营销热度不降的最大原因。

内容营销秘籍

移动互联网的内容营销与传统互联网几乎无太大的差别，均应该具备以下特点。

（1）内容的相关性

对于资深网友来说，为一篇又臭又长的文章哪怕浪费5秒的时间也是对其智商极大的侮辱，要占据网友的碎片时间，使其耐心阅读下去，内容的相关性显然是不可忽视的。当我们的传播目标群体是一群关注健康、关注生活品质的白领时，“三个动作告别肩周炎和颈椎病”“一生一定要去的十个国家”这样的内容永远比“如何提高奶牛产奶量”的阅读率会高出很多。

（2）内容的趣味性

在紧张忙碌的工作中，在枯燥的柴米油盐生活中，一篇诙谐幽默的文章、一张让人血脉偾张的图片、一段搞笑雷人的视频往往会让人们忘记烦恼和疲惫。下面举一个例子，以“恶搞”配音爆红于网络的“淮秀帮”想必读者们都不陌生，细心的网友会发现，在“淮秀帮”的作品中开始逐渐融入了商业性质的广告内容，但酷似原声的对白配音、诙谐幽默的网络语言使得其每一部作品都会有海量的评论和转发，即便其中植入了明显的商业广告，网友看重的是作品的娱乐性和趣味性，但同时广告主的商业目的也得到了传递。这是一个全民娱乐的时代，中国网民的幽默指数也在飞速提升，要让内容得到广泛阅读并被病毒式地转发，内容的趣味性不可或缺。

（3）巧妙植入

提到广告植入，就不得不提电视剧《龙门镖局》，此剧被网友戏称为“史上最丧心病狂的电视剧，犯贱指数为五星半”，不仅仅是因为剧中的“贱招频出”，更是因为其中奇葩另类的原创植入广告让观众哭笑不得、拍案叫绝。平安票号、五谷道场、聚美胭脂铺、星猫裁缝铺等数十种商业广告被巧妙植入，观众非但没有疯狂“吐槽”，反而给了“零差评”。国内影视剧植入广告起步较晚，一些过于直白、生硬的植入方式严重挑战观众的智商，如何巧妙地将广告“软植入”可真是一门技术活，《龙门镖局》给我们上了生动的一课。

3. 移动电商

2013年10月下旬，阿里巴巴集团董事局主席马云发出了一份内部邮件，号召阿里人“把企鹅赶回南极去”，并提出“到人家家里去打架，该砸的就砸，该摔的就狠狠地摔”，甚至要求“每一个阿里人都要参与这场战争，因为这是阿里人在无线时代争取生存权利的努力”。

在微信5.0出现之前，所有人都以为微信只是一个简简单单的即时通信工具，就连阿里巴巴似乎也尚未察觉。2013年8月5日，微信5.0版本以“天空一声巨响，老子闪亮登场”之势强势发布，除了风靡一时的“打飞机”游戏，传了将近一年之久的“微信＋支付”功能也华丽登场了。

淘宝封杀二维码、微信过年发红包……这一系列的疯狂举措，让人们都看出来阿里巴巴和腾讯正式开战了。马云、马化腾这两位“五百年前是一家人”的互联网巨头，显然已开始“相煎”了，而如此激烈的明争暗斗，仅仅是为了四个字——移动电商。

“二马”之争最终结果如何，且听他人分解。我们当前关注的是，传统的PC电商已经越来越不能满足用户需求，下一个爆发点就是移动电商。而作为企业营销专业人士，应该如何来拥抱移动电商呢？为方便读者们愉快地阅读并轻松地理解，笔者就大气一点，豁出去几颗脑细胞原创了下面一段内容，算是情景教学吧。

“坑娘”的蟠桃大会

第213届蟠桃盛宴即将开始，各路神仙们骑着坐骑赶往大会现场，场面极其热闹，正所谓“蟠桃会上彩旗飘，众仙家们嗷嗷叫”。蟠桃大会的现场也极尽奢华热闹，如来佛祖正在和此次大会的主持人观音菩萨寒暄，而天蓬元帅正在追着嫦娥姑娘满场跑，卷帘大将和几位将军把酒迎欢。此时，玉皇大帝在王母娘娘的陪伴下，腾云驾雾来到大会现场，大会正式开始。

【观音菩萨】：欢迎大家来到第213届蟠桃盛宴！此次的主题是“仙界的可持续发展道路”。首先，让我们以最热烈的掌声欢迎美貌与智慧并重、英雄与侠义的化身——玉帝，为大家致开幕词（此处有掌声）！

【玉皇大帝】：大家好，欢迎大家齐聚蟠桃园。今日晴空万里（如果下雨这句就不念了），在这个喜庆的日子里，让我们一起来探讨一下“仙界的可持续发展道理”这个主题。HR反映的最新数据显示，今年新晋仙班的人数达到了历史新高，我们又多了众多小伙伴，这本是一件可喜可贺之事，而另一数据显示，我仙班人员配置臃肿，整日静坐修炼、品茶游玩，除收受人间俸禄外，无任何之收入来源，人员的连年增加现已导致财政方面入不敷出，我曾委派菩提老祖造访魔界，实际调查其目前经济发展现状。让人大吃一惊的是，魔界在牛魔王的带领之下，大力发展电商业务，通过互联网卖起了牛皮包包，年收入过百亿元，就连铁扇公主和玉面小狐狸也不再明争暗斗，一口一个“亲”地当起了在线客服。我们仙界已经落后了（做唉声叹气状）。

【八戒酸酸地】：卖牛皮？吹牛皮还差不多吧！那头老牛卖牛皮，咱们卖猪皮，我那些猪崽子们也不是吃素的。

【悟空藐视】：就你那破皮根本不值钱，我们猴皮那才叫珍贵，肯定卖得上价钱。

【唐僧很淡定】：大家不要生气，生气会犯了嗔戒的！八戒、悟空你们也太调皮了……(此处省略十万字。)

【菩提老祖抢话】：高僧请先打住，我想说两句。接到玉帝指派后，我先到人界了解情况，发现大多实体店的生意并不景气，纷纷转型开起了网店，而这正是牛魔王带领魔界团队所发展的业务，号称电子商务，听起来好“潮”

啊！

【正低头握着 iPhone 10 用微信“打飞机”的哪吒】: 潮？！各位叔叔、阿姨，这都什么年代了，现在才想起在网上开店，也太 out（落伍）了吧，我们现在都流行在手机、iPad 上买东西了，这叫移动电商，Understand（明白吗）？

【托塔李天王】: 对对对，我儿所言极是，我建议我们仙界开展移动电商，大家都知道，这是一个“骑”在手机上的时代。

【玉皇大帝】: 赞同托塔父女所言，牛魔王目前已经成功占领了 PC 端的电商领域，如果我们现在杀进去，一方面被人取笑效仿魔界，另一方面肯定拼不过他们，为了超越他们，我决定率先抢占移动电商领域。

【哪吒怒】: 我是男生！

【二郎神喜】: 太好了舅舅，速递的业务承包给我吧，哮天犬生了一对狗崽子终于派上用场了。

【哮天犬】: 

【沙僧】: 那我们卖什么产品呢？

【太上老君奸笑】: 我有一个好主意，我们的蟠桃在人间有吃了长生不老的美誉，就卖王母娘娘的蟠桃吧！

【王母娘娘怒】: 怎么不卖你八卦炉里的仙丹呢？！

【悟空频频点头】: 一起卖，一起卖！当年老孙吃了蟠桃、仙丹后西去取经，一路上腰不酸了，背不疼了，腿也不抽筋了，味道还很不错。

【王母、老君齐呼】: 啊！！！

【玉皇大帝】: 对，就卖蟠桃、仙丹。可具体应该在什么平台卖呢？各位技术高手们说说看。

【千里眼】：据属下了解，目前移动电商主流的做法是这样的——一是自建APP/APK商城；二是使用现有电商客户端，例如淘宝、天猫、京东等；三是目前在人间，微信火得一塌糊涂，故基于微信+HTML5的电商平台也十分受欢迎。

【哪吒】：下载一个APP/APK少则要几十兆的流量，多则要上百兆的流量，加上不停更新，经常要重新下载，你家的Wi-Fi几年前就加密不让我们“蹭网”了，我们的流量不够用啊！

【昴日星官】：哪吒说的是，自从通天教主的Wi-Fi加密后，微臣再也没下载过什么新应用程序了。

【千里眼睁大了双眼】：原来你们都“蹭”我的网啊！

【嫦娥仙子】：自建APP/APK商场，需要投入大量人力、物力、财力进行平台搭建及推广，它虽然是自有化，但客户群体甚少，不建议采纳。现有电商客户端，其自运营情况及网民接受度和熟识度都是极好的；至于微信，这是一个不可被低估的移动电商新平台，微信结合HTML5技术的模式目前前景被看好，人间大名鼎鼎的杜蕾斯就是这么做的。

【嫦娥仙子继续】：在现有电商平台客户端开店，除了要重视店铺的等级、口碑，例如淘宝店铺的等级、好评等，同时还要注重站内推广手段，例如基础的店铺图片、文字内容要足够吸引网友，要高端、大气、上档次，另外平台本身提供的站内推广是十分重要的，下面以淘宝为例来介绍一下。

淘宝免费的推广资源有：

- 淘宝内部搜索引擎的优化
- 淘宝社区、淘江湖软文广告
- 淘帮派推广资源发掘利用

- 友情链接资源发掘利用
- 淘宝店铺收藏功能推销
- 淘宝 VIP 会员发掘利用
- 店铺 VIP
- 信用评价
- 店铺推荐模块
- 橱窗展示模块
- 淘宝官方活动
- 淘宝钱庄

淘宝收费的软件资源有：

- 淘宝旺铺
- 满就送
- 搭配套餐
- 限时打折
- 会员关系管理
- 网店版行情参谋

淘宝收费的服务有：

- 淘宝直通车
- 钻石展位

- 淘宝客
- 超级卖霸
- 淘宝天下

嫦娥在此给众仙家们重点展示一下淘宝无线客户端钻石广告展位竞价系统（见下图）。

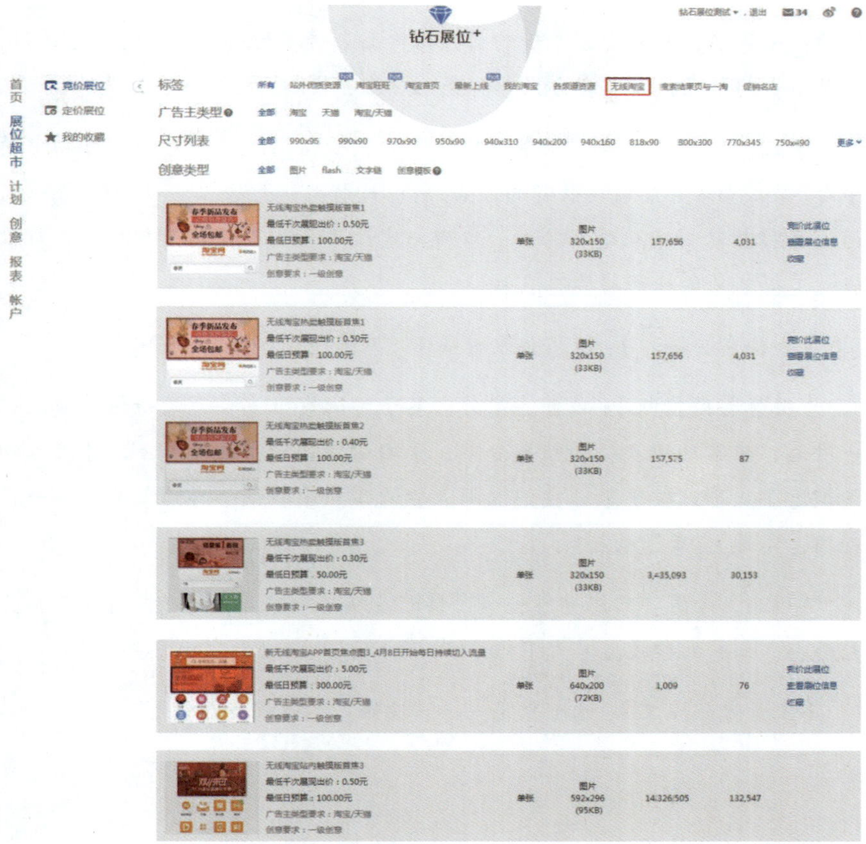

淘宝无线客户端钻石广告展位竞价系统

据淘宝内部的小密探来报，除站内的钻石广告展位外，淘宝将推出“黑盒投放”站外推广工具，据说其涵盖了例如美图秀秀、墨迹天气等成千上的淘宝站外应用程序的广告位，而操作原理类似于淘宝站内的钻石展位。由于卖家在投放广告的时候是不知道广告会投放到哪个网站及哪个位置的，只可选择想要投放的人群，故被称为“黑盒投放”，不得不说这是一个多么霸气的名字呀！

以上无论是哪种广告形式，其原理都是简单粗暴的，每个广告展位都成为一个商品，所有卖家竞价购买，出价高者将享用对应位置的广告展位，这是多么粗暴的广告售卖方式啊！毫无“业界良心”可言。

相比淘宝、京东客户端等这样的平台，微信则是一种更新的移动电商平台。微信尚未开始售卖收费的广告，所以目前微信更加注重与粉丝的互动，通过各种互动形式来培育粉丝的口碑与忠诚度，如果还想听我举例，那么我就不得不又拿杜蕾斯举例了……

【众仙交头接耳】：她怎么比唐僧还“八卦”！

【观音菩萨抢断】：肃静，肃静，鉴于时间有限，今天的研讨会暂时告一段落，非常感谢众位的精彩分享，素闻嫦娥仙子能文能武，方才大家均见识过了，那么接下来让我们以雨点般的掌声欢迎仙子再为大家带来一段舞蹈《奔月》，音乐响起！

“难忘，今宵，难忘今宵……”伴随着悠扬的歌声，嫦娥起身离席，奔月而去，仙界的蟠桃盛宴落下帷幕。

【王母娘娘慨叹】：这可真是一场“坑娘”的蟠桃大会啊！

"坑娘"的蟠桃大会

在介绍移动互联网营销时笔者并没提及短信、彩信之类，原因很简单，4G 时代即将到来，像短信、彩信之类的古老营销手段略显低端，用现在的话说就是太"low"了，所以在这里探讨的必要性不大。

另外，业内人士每每谈到移动互联网营销必然要提到 O2O。笔者认为，O2O 是团购网站出现后引出来的一种线上与线下结合的商业模式，但它并非像业内众多"专家"们鼓吹得那么神奇，简单理解其实它就是在线上引导在线下成交的一种销售产品或服务的方式，当你将产品或服务通过互联网进行推广和销售时，你本身利用的就已经是 O2O 商业模式了。笔者在整本书中对任何营销名词的解释都力求简单、粗暴，拒绝将简单问题复杂化进而神化，也希望读者能真正体会到笔者的良苦用心（此处有掌声）。

2.14 粉丝营销——一种"英特纳雄耐尔"的精神

粉丝，源于英文 fans，这里就不解释具体的意思了。

20 世纪 80 年代以前笔者尚未呱呱落地，所以对粉丝的印象应该始于 20 世纪 80 年代和 90 年代，那个时候的粉丝有一个中文名叫"追星族"。

梳着油光蘑菇状分头的是郭富城的追星族；嘴里时刻不停哼着小曲“对你爱爱爱不完……”的是小虎队的追星族；到了21世纪初期，湖南卫视一档被称为“女人男性化”的《超级女声》节目突然热播，什么“玉米”“笔亲”“凉粉”“盒饭”等这些怪诞离奇的新名词迅速进入了我们的生活，至此，“粉丝”这个接地气的中国化名词便诞生了。

不管你信不信，这是一个粉丝的时代。大到明星，小至民间宅男，他们或多或少都会拥有自己的一群粉丝，这些粉丝们仿佛着魔一般以异常强烈的信念与信仰围绕在自己的偶像周围，相比民间的“吊丝”而言，明星们的粉丝显得更为虔诚。

为见偶像一面，围追堵截、互殴至头破血流的是长腿李敏镐的粉丝；

顶着感染H7N9病毒的风险，在下初雪时以一盘炸鸡、两罐啤酒做夜宵的，那是“叫兽”都敏俊的粉丝；

拎个小板凳、裹着棉衣、带上食物和水等，彻夜排队等候购买手机的，那是“果粉”。

在蕴藏着巨大隐性利益和无限商机的粉丝年代，自诩无孔不入的营销人怎能错过，正所谓“粉丝如此疯狂，我怎能如此迷茫”。经过笔者对粉丝全方位、多角度、立体式的非专业研究分析得出，要做好粉丝营销必须重视以下几点。

1. 了解粉丝需求

苹果手机曾一度像魔鬼一样横扫地球。如果你不是“果粉”，那么你很难理解一位手持iPhone 6的朋友家里同样典藏着iPhone 3、iPhone 4、iPhone 4s、iPhone 5、iPhone 5s、iPad、iPad mini、iPod、iPod touch、MacBook Air……在俄罗斯，一名“果粉”收集了苹果公司从1987年开始生产的所有产品并开设了一家苹果公司产品博物馆。在美国，一对年轻人在纽约第五大道的苹果专卖店里举办了一场婚礼，牧师扮成乔布斯，宣读着婚礼誓词："……你要相信未来串起你生命的点点滴滴，你不得不相信某些东西，你的直觉、命运、生活……正是这种信仰让我不会失去希望。"而这段正是苹果公司 CEO 乔布斯的原话。在"果粉"眼中，似乎所有的苹果都必须有一个缺口。"果粉"为何如此疯狂？其实很简单，时尚、面子、身份地位、使用体验……而这些，让苹果公司充分满足了"果粉"。

疯狂的"果粉"

"东北盲流，延边三日游后大脑遭到朝鲜族韩风严重侵袭，从此不务正业，不好好钻研二人转艺术，流窜至芒果台，开始了东北风＋韩范儿非主流混搭的演艺生涯。每天遭受胸口碎大石、喝农药、'人肉'、风火轮等人间炼狱的折磨，每当想到同村刘能、赵四的事业蒸蒸日上，一身愤怒的野鸡造型掩饰不住内心的落寞。0 分"。

这是明星杜海涛在微博上发图 @ 留几手求"虐"得到的经典点评。以毒舌点评著称的"手哥"@ 留几手，未经过加"V"认证，微博粉丝数就已接近千万个，几乎他每一次对求"虐"者的"肆虐蹂躏"都会有上万的转发量，网友们纷纷上传拍照并 @ 留几手，即便被"虐"得体无完肤，获得“负分”、“滚犊子”的点评，却仍然乐此不疲。手哥的那些“经典语言”在粉丝中几乎成了流行语，更有不少网友打着“留几手女友”、“留几手他姐”、“留几手他哥”等手哥亲戚的名义，山寨手哥的行文风格，开始在互联网大肆放纵，其中不乏明星大牌，例如刘烨。

明星刘烨模仿手哥的行文风格被“虐”

手哥何德何能可以叱咤网络？原因很简单，现代都市人生活压力过大，自嘲、求“虐”心理泛滥，这或许也是一种压力释放的方式，手哥抓住了网友这个强烈的需求从而火了。

明星林更新@留几手主动求“虐”

2. 与粉丝互动

讲到互动，笔者先讲一个流传久远的故事，故事名叫《对着大山喊话的孩子》。

很久很久以前，有一个孩子。

孩子：喂，你好吗？

大山：喂，你好吗？

孩子：你是谁？

大山：你是谁？

孩子：正宗好凉茶，正宗好声音。欢迎收看由凉茶领导品牌加多宝为您冠名的《加多宝凉茶中国好声音》。喝启力添动力，娃哈哈启力精神保健品为《中国好声音加油》！

大山：

这个故事告诉我们，只要互动做得好，大山也会有粉丝。

笔者一直都在强调，互联网最精髓的特点——互动性。在粉丝营销中，增加新粉丝，巩固老粉丝最有效的手段便是与粉丝互动。大牌明星偶像的一个动作甚至一个眼神也能分分钟让粉丝们惊声尖叫乃至缺氧晕厥，这不正是偶像与粉丝互动的惊人效果表现吗？在微信营销中一直流传着杜蕾斯拥有 8 人陪聊的传说（抱歉，笔者一讲到案例似乎总喜欢用杜蕾斯来举例，请粉丝们勿多想），虽然有媒体及业内人士“吐槽”这是纯属虚构，但这种“陪聊式营销”与粉丝互动的做法是十分值得肯定的。

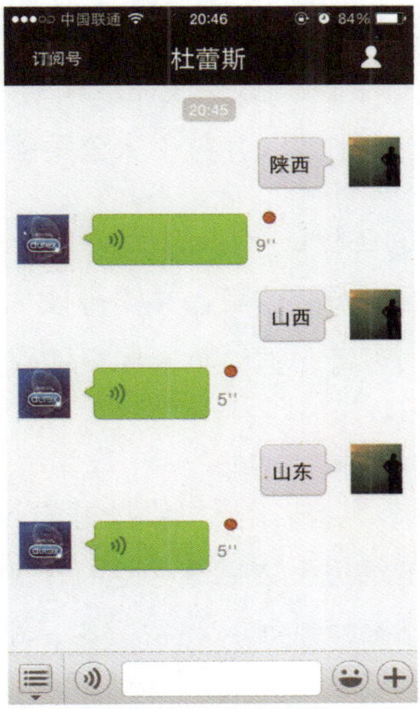

在杜蕾斯官方微信中输入各地地名，会有各地方言的起床问候

3．打造圈子文化

扎堆也好，组团也好，凑热闹也好，“群体性偏向”是人类普遍具有的显著特征，当拥有某种相同爱好、兴趣或特质的人群凑在一起时，便形成了“圈子”。我们常常听人说：“穷玩车，富玩表，无产阶级玩电脑”，其实这是在无形中将“人以群分”了，久而久之，每个群体圈子将会形成自己的独特文化，成为“圈子文化”。这就像企业文化一样，圈子文化决定了这个圈子能健康持续地向前发展，缺少这种文化，圈子便会丧失魅力，丧失吸引力，粉丝将找不到精神信仰，灵魂也将无处依托，这时他们便会离开这个圈子，而去寻找新的圈子。

众所周知，国产的小米手机造就了手机销售的神话，小米将用户定位为手机“发烧友”极客的圈子，这些“发烧友”们自称为“米粉”，他们在小米手机系统开发初期便加入进来，参与手机外观设计、UI 界面设计、程序体验等各个方面，例如“米粉”们厌烦了手指从左滑到右的单一手机解锁模式，所以在小米的系统中，设置了上百种解锁方式；夜半时分，让人们十分反感的响一声就挂的骚扰电话可以被自动屏蔽等，植入此类人性化、炫酷功能是由“米粉”们提出的，并被小米公司采纳。

小米知道，“米粉”们喜欢在论坛上讨论问题，于是搭建了自己的论坛，让所有的“米粉”在论坛中畅所欲言，并安排技术开发人员长期与“米粉”们互动，倾听来自用户的声音，据说小米手机的研发吸引了20多个国家的开发者参与。

为打造圈子文化，小米会将工程机给铁杆粉丝进行小规模内测，内测完成后，铁杆粉丝们会把意见反馈回来，这样一来，小米迅速根据粉丝们的意见进行性能完善。小米总裁黎万强曾透露，小米手机三分之一的改进意见来自于用户，这完全是一种C2B的营销思路。

“米粉”圈子的打造有很多可圈可点之处，在这里笔者可能只是提到了一些皮毛。如果要问“米粉”这个圈子的文化是什么，则显然我们看到的是粉丝们的“发烧”、“成就感”、“被尊重”，而这些仅仅是我们这些“圈外人”的第一印象，要想深入了解这个圈子文化，或许只有圈内的人们方能参透。

2014年“米粉节”主画面

粉丝是一种精神，粉丝是一种信仰。

笔者再重复一下：这是一个粉丝的时代。

2.15 热点营销——又一把双刃剑

何谓热点营销，顾名思义，即借助大众关注的节庆假日、社会焦点、热门事件等，对自身企业或产品进行传播推广的一种营销手段。

紧贴热点事件做品牌营销，似乎已经是企业推广的标准玩法了，汶川地震中的“封杀王老吉”、北京暴雨期的“杜蕾斯鞋套”、各种版本的《江南 style》等都是可圈可点的经典营销案例。

1．“叫兽假”

也不知是何原因，韩剧总是能在中国火起来，《来自星星的你》一经播出便迅速蹿红，中国观众（确切地说应该是女观众）对其的追捧仿佛与当年男生们对《一路向西》的热衷一样。和女生们交谈时，如果不知道“炸鸡和啤酒”，不知道“都教授”，那么她们都懒得用“Out Man”这个词来鄙视你。自然，这么强烈的“韩流来袭”热点，营销人员怎能错过，各大品牌都绞尽脑汁想要和《来自星星的你》扯上关系，因此“叫兽假”诞生了。

2014 年 2 月 26 日和 2 月 27 日，厦门 PBA 化妆品公司的苏桂强接到 52 张请假条，员工们集体请假的理由竟是“要看韩剧《来自星星的你》的大结局”。随后，苏桂强在公司内部做了一项调查，发现有一半以上的同事都在追看这部韩剧。2014 年 2 月 25 日，苏桂强特批周五放假一天，还“晒”出放假说明，如下图所示。

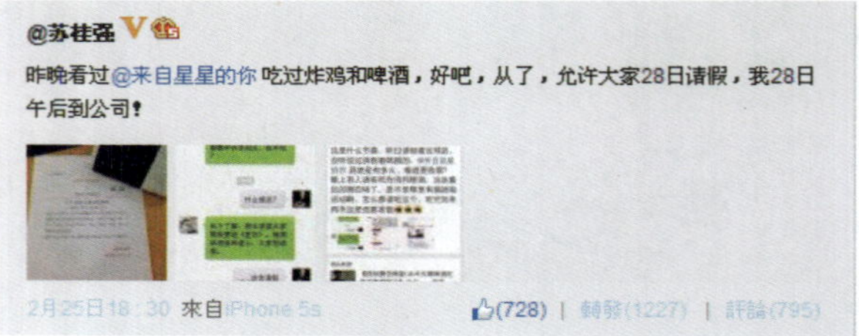

苏桂强微博设立“叫兽假”

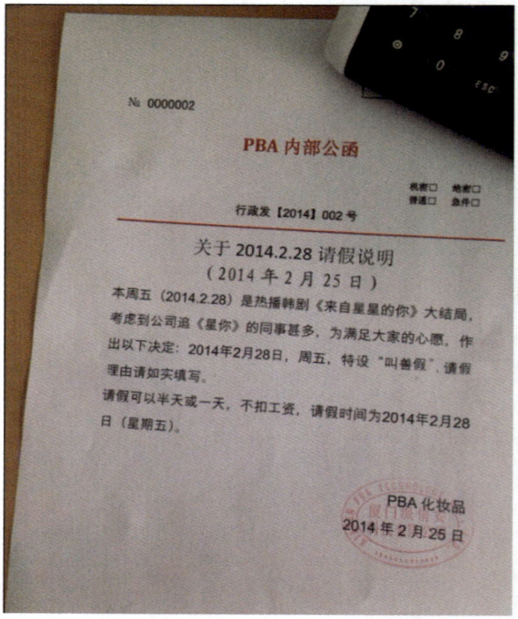
№ 0000002

PBA 内部公函

机密□ 绝密□
普通□ 急件□

行政发【2014】002 号

关于 2014.2.28 请假说明
（2014 年 2 月 25 日）

本周五（2014.2.28）是热播韩剧《来自星星的你》大结局，考虑到公司追《星你》的同事甚多，为满足大家的心愿，作出以下决定：2014年2月28日，周五，特设“叫兽假”，请假理由请如实填写。

请假可以半天或一天，不扣工资，请假时间为2014年2月28日（星期五）。

PBA 化妆品
2014 年 2 月 25 日

PBA“叫兽假”通知

"叫兽假"一出，以迅雷不及掩耳之势传遍了网络，得到网友们主动讨论、转载，一小时内便问鼎新浪微博热门话题榜首。PBA 员工疯狂刷微博、微信炫耀自己的公司"太人性化了"，网友们则评论"太逆天了"、"放假的那家化妆品公司还招人吗"。由于在微博、微信的热度很高，各大新闻网站及报纸也纷纷争相报道了这则有趣的"网事"，苏桂强也成了"中国好领导"的代表。

当然也有鄙夷者认为这是 PBA 的一种炒作，但无论如何，PBA 真的放了半天的"叫兽假"，而半天的假期换来的是员工对公司的认同与骄傲，更重要的是这件事对 PBA 品牌起到了意想不到的推广作用。

2."光棍节"变"购物节"

20 世纪 90 年代，南京大学"名草无主"寝室中 4 个大四的学生每晚举行"卧谈"，时值 11 月 11 日前夕，他们"卧谈"的主题开始为"如何摆脱当前的光棍状态"，在"卧谈"中他们突发奇想地将 11 月 11 日作为"光棍节"来组织活动，此想法经过网络的传播后，引发南京高校学生及各地大学生的共鸣。此后，"光棍节"逐渐发展成为一种校园趣味文化，最终演变为单身们默认的互联网盛大节日。

"光棍节"就这么一直延续着，直到 2009 年的 11 月 11 日，在这个举"网"欢庆的日子里，淘宝完全有理由认为，单身的男人们在这一天宅在家里无事可做、无处可去，无聊到只能上网解闷了。于是借助这个热点节日，淘宝立即策划了一场疯狂的促销活动，结果"光棍节"当天淘宝的销售额空前高涨，并且一发不可收拾。就这样一直持续到现在，"双十一"成为一个标志性疯狂打折促销、疯狂网购的网络节日，成为天猫、京东、易迅、当当、国美网上商城、苏宁易购等电商网站及物流企业的必争之地，直至影响到线下，所有卖场、商场也为"双十一疯狂购物节"打得不可开交。

此后的每年，大家对 11 月 11 日"光棍节"的印象越来越淡忘，取而代之的只有“双十一疯狂购物节”。

当所有企业纷纷高谈阔论自己结合热点的营销手段如何出彩时，淘宝的“双十一”热点营销分分钟让他们黯然失色。

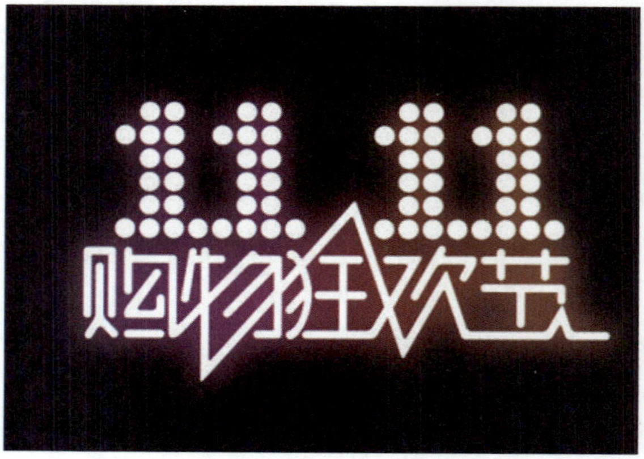

“双十一”广告主画面

无独有偶，在可圈可点的热点营销案例中，自然也有玩过头翻船的案例。

3. #抵制×××#

2014年，“马航失联”事件一直牵动着国人的心，几乎每天的新闻头条均与“马航失联”事件相关，然而就在这节骨眼儿上，某传媒董事长兼首席执行官以轻佻的口吻发布了一条微博：“这年头，说不准呀，飞机也能失踪！已通知行政部订了100份××保险最新航空险，200元可保一年飞行，保额1000万元给各大高管，万一飞机失踪了，总算对家人有个保障，总不能因为飞机会失踪就不出差了。”

此微博一发，顿时引发网民众怒，以下为部分知名博主评论。

评论1：“是多么丧心病狂，才有抓住灾难的商机的勇气和头脑，承担断子绝孙的诅咒，走上与人性为敌的金光大道。”

评论 2：“看看，号称一个有社会责任感的企业家，在这个时候想的事情是做广告……”

评论 3：“错误的时间，调侃的语态，一次失败的营销，损害了两个品牌，暴露了一个人的人性，不忍直视的愚蠢。”

同时微博也发起了“# 抵制 ×××#”“#××× 你疯了吗 #”的热门微话题，该董事长成为网民纷纷谩骂和谴责的对象，不知是迫于舆论压力还是良心发现，其迅速删除了这条微博，并且在微博中设置了禁止评论功能，同时于接下来的数日内转发数条公益微博，但依然无济于事。由于此次事件，该传媒和 ×× 保险在网民心中形成了很大的负面形象。

4．某车企的“马航事件”

在“马航事件”的起始阶段，某知名车企似乎比网民更先看到上述传媒高层反应迅速的热点营销，也“秀逗”般地发布了这栏一条微博：“越南海军确认吉隆坡飞往北京的客机坠毁，搜救工作已全面展开。出行安全也是 ××× 汽车最为关注的方面，让我们一起为在这架客机上的 239 个生命祈祷！祈福马航，愿奇迹出现。”

某知名车企关于“马航事件”的微博

这条微博迅速引起众多中国网友的愤慨，中国网友迅速对其谴责，大家均认为此车企试图假借为失踪乘客祈祷名义为自己的产品做植入广告。

以上的案例反映出，热点营销是一种广告活动，借力好将会为营销活动添彩，借力不好就成了一把自残的双刃剑。我们要吸取精华，去其糟粕。那么我们应该如何做好热点营销?

（1）热点筛选

不是所有的热点都适合你，企业想要借势首先要看看自身品牌与热点的关联性到底有多强，切不可生搬硬套。

（2）反应迅速

热点事件常常为突发、不可控、生命周期短、无法预期的。当确定了热点事件与自身品牌的关联性之后，需要迅速展开、抢占先机，否则热点事件也将过时不候。

（3）巧妙结合

热点营销要成功，关联创意要具有病毒传播性，平淡无趣的关联创意还不及硬广更有技术含量。

（4）推广扩散

关联创意发布后，自然不能置之不理、坐享其成，需要运用各类丰富的手段去引导和推广，KOL（Key Opinion Leader 关键意见领袖）、网络红人等的参与必要时也是不可或缺的，待全民参与时，热点便形成了。

（5）把握分寸

俗话说：凡事都有一个度。做营销就像做人一样，绝不能无底线、无节操。“秦火火”“立二拆四”就是我们营销人的前车之鉴，我们应时刻记着：“出来混迟早要还的！”

第 3 章

电子商务之傻瓜教程

两年前，笔者的一个同事辞职了，据说是去广州开了一家网店，从他在 QQ 空间和微信朋友圈里发的那些图片可以判断，他在网上卖服装。前段时间，笔者看到了他，他告诉笔者，去年开网店做服装生意赚了 100 多万元。当时笔者的感觉是仿佛偶遇鲁智深，他照着笔者的鼻子就是一拳，当时也是“开了个油酱铺，咸的、酸的、辣的一发都滚出来”，那个羡慕、嫉妒……

如果说“触网”在 10 多年前是一种时尚，那么“触电”算是当下对“触网”的延伸，是更深层次，更高端、大气、上档次的时尚了。当你来到深圳知名的华强北路时，你会看到，无论是卖衣服的还是卖电子产品的，几乎所有的小店，甚至只有一个柜台的小摊都摆放着一台电脑，那些销售员们会一边照顾眼前的顾客，一边还要不时地照顾一下这台电脑上的“亲”们。当你发现无论是火锅还是咖啡，所有的“宝贝”送到你的办公室中仅仅是分分钟的事情，你需要做的只是轻轻地动一下你的“鼠标手”时，你觉得还有什么不能在网上卖的呢?

如今的电商，无论从表面上看还是从本质上看，都无疑是一种时尚和潮流了，对于一家企业来讲，这也是一块不可或缺的营销领域。下面笔者就聊一聊如何开展电商业务，即如何“触电”。

3.1 电商平台的选择

当前，中国的互联网上出现了太多的电商平台，例如阿里巴巴、易趣、淘宝、京东商城、拍拍等，但知名度最高，人气最旺的，应当属淘宝和京东了。

3.2 组建电商团队

不要以为玩电商很容易，如果没有清晰的组织结构和人员分工而去盲目“触电”，那么你一定是在自虐。由于不愿看到小伙伴们重蹈笔者覆辙，在此笔者分享一些曾经失败的教训和经验。

1. 活动策划

《甄嬛传》、《宫心计》这些电视剧里面的这些娘娘在策划“大神”的眼里都不算什么，策划“大神”的大脑24小时处于沸腾状态，睡觉的时候都会冷不丁地被自己的惊天创意所惊醒，而后奋笔疾书在网络上留下一个个动人的策划案例。他们不是销售员，他们是触碰顾客灵魂的探索者，枯燥的生活因为有了策划而变得异彩纷呈。与此同时，他们又是魔术师，把每一个客户支付宝中的资金不知不觉地装进了老板的口袋中。不必赞叹他们为何能如此大的魅力，这只是一个擅长杀死脑细胞的职业。

活动策划——一个分分钟都会“秀发去无踪，头屑更出众”的职业！

2. 平面设计师

平面设计师，表面上看起来似乎是一个“花美男”从事的小资行业，掀开表面上的那一层纸后，你会发现干这活儿的全是那些生猛的抠脚汉子。对他们来说，做平面设计师唯一需要的职业操守便是无条件无休止地创作，创作，再创作，修改，修改，再修改。在各种频繁的活动中，在各样奇奇怪怪的要求下，一个平面设计师必须要把握住店铺的吸引力、画面的冲击力、宝贝的震撼力等那些锁喉的关键点。除了这些折磨之外，还要忍受着时时刻刻都会有活干、有图处理的肉体虐待，如果没有长征二万五千里的耐力，请放弃这个职业！

平面设计师——一个全身都要不停爆发的超人职业！

3. 在线客服

在这个浮躁的时代背景下，还有什么人情冷暖？而在此笔者还是要淡淡地相告：我们还有在线客服！在线客服，一个软妹子扎堆的行当，每一个软妹子都是一个甜甜圈，酸酸的，甜甜的（哪怕是强颜伪装的抠脚汉子）。有时候他们也会有女王范儿，但当你在网购时，只能听到她们最贴心的话语："亲，有什么需要？""亲，感谢您的惠顾！""亲，记得给好评！"在这个"宅腐"当道的时代，为何会有很多宅男、宅女可以一个月不出门、不说话，不要以为他们有何特异功能，而是因为他们有这些与之什么都交流的软妹子陪伴。无论何时，客服妹子们每天总能备满了浓浓的柔情，让你忍不住想要在开心时、委屈时、得意时、失落时去找她们诉说衷肠，虽然隔着千山万水，但在网线的另一头，客服妹子们总能带给你暖暖的安慰，带给你生活的希望，带给你正能量。有了在线客服，你会发现，这个世界上竟有比你更苦的人一直在奋斗！

在线客服——一个像玛丽亚一般伟大的职业！

在线客服

4. 大掌柜

大掌柜们每天张罗着一群人的工作，担忧着店里的盈亏，观望着对手的风吹草动，上面有淘宝小二的管制，下面有伙计们的抱怨。但只要还在电商这行打拼，大掌柜们就得乐呵呵地过好每一天，不管中间过程是多么不易，在从账户中提现的那一刻都会烟消云散（背景音乐《今天是个好日子》响起……）

大掌柜——一个365天都严重缺觉的职业！

卡通版佟掌柜

5. 财务

每当团队中其他小伙伴面对大量订单欢欣鼓舞的时候，只有财务默默地开启了“震动模式”，他们一笔笔地审核着订单的付款和退款，那流水线般的动作如此娴熟，那美丽动人而又木讷的眸子，一眨也不眨，生怕一个小数点偷偷溜走，他们始终用生命保卫着小伙伴们的年终福利。

财务——一个用生命去捍卫果实的职业！

3.3 体系顺畅

如果说平台选择正确和人员分工合理是企业开展电商工作成功的一半，那么“体系顺畅”不言而喻当属迈向成功的另一半了。

用市场营销来解释电子商务一点不为过，电子商务完全可以比作从研发、生产、推广、销售、物流到售后服务、信息反馈等一个完整的市场营销活动。

如果体系中的环节出现不畅，那么应抓紧时间打通体系。市场是残酷的，互联网电商讲究的就是站内体验和客户感受，“亲们”不是亲人，没人愿意耗时间等着我们慢慢成长。

3.4 笔者的几点建议

当年谁能想象，电视机、冰箱、洗衣机这些传统家电动一动手指就可以通过网络送到家里。

笔者到一位同事家里做客，她告诉笔者：“你现在能看到的东西全部是在网上买的。”

直销成为摆脱外部电商平台的趋势。

1．相信电商

记得有一次笔者在杭州参加天猫组织的“天猫首届汽车节研讨会”活动，全国十多家汽车厂家的电商负责人悉数到场。吃晚饭时，一个同行问我：“你们觉得在网上卖汽车靠谱吗？”

笔者说：“要不然呢？”

他说：“我们公司就我一个人搞这块，还是兼职做的，还有其他工作要忙，我觉得在网上卖汽车不靠谱，我们现在只把这个平台当作宣传推广渠道而已。”

笔者：“……”

最终，在为期仅 18 天的天猫汽车节期间，我们收集到 5 万多条网络客户主动留下的联系资料供 4S 店跟进，并已实现成交近百辆汽车的业绩。我想那位仁兄看到我写的这段内容后，可能会向笔者“吐槽”吧！

十年前，谁能想象衣服、袜子、电视、冰箱、洗衣机这样的服装、家电可以在上网购买，谁又能想象房地产商已经开始在网上卖房子，而笔者已经在网上卖出了数以万计的汽车。所以，要开辟电商战场，首先应该要坚信电商这个我们已无法阻挡的购物趋势。

2．先淘宝（天猫），再京东，接着……

根据笔者的经验，要开辟电商战场，应逐个攻打，先瞄准目前国内主流的电商平台（例如淘宝），一来锻炼队伍，二来打通电商体系，找足感觉后，再考虑进入其他主流的电商平台。除非你的企业人满为患到足以为不同的电商平台配备独立的专职队伍来运作，否则，强烈不建议将几个主流电商平台同时运营。这是从“狗熊掰玉米”的故事和笔者所遇到的许多失败案例所得到的“痛的领悟”。

3．二三线城市不可小视

2013年7月29日，淘宝发布了《县域网购发展报告》，报告中的数据让小伙伴们大跌眼镜：2012年，县域地区共有超过3000万人在淘宝上购物，花费1790亿元，比2011年增长了87%；平均每个人网购花费近6000元，超过一线城市的4700元；年人均网购54次，远远超过一线城市的39次。

这个报告与笔者从事的汽车电商行业的数据不谋而合，二三线城市成交比例远高于一线城市，其中的原因，笔者想了想，应该是在二三线城市中可以在家上网的网民，具有以下特征吧：

- 具备一定的经济实力；
- 网购成为一种追赶潮流的时尚行为；
- 相比发达城市网民更单纯，而实体店选择面窄，所以成交率更高；
- 网购真的会上瘾。

小城市 VS 大城市

4. 移动电商来了

苹果公司无疑是一个伟大的互联网搅局者。智能移动终端的普及时代已来临，淘宝、京东、支付宝、财付通等客户端的推出，让手机、平板电脑等移动设备分分钟成了比肩电脑的另一种电子化交易平台。

腾讯微信 5.0 的推出，开启了绑定银行卡进行微信支付功能，有人预测微信将成为抢夺淘宝、京东等主流电商市场的移动终端平台，难怪传言淘宝在微信 5.0 推出不久开始全线封杀二维码。

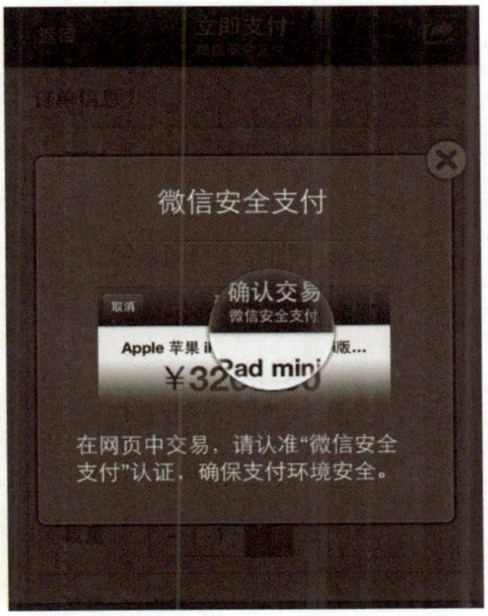

微信支付截图

3.5 打造自有电商平台

俗话说，人在屋檐下，不得不低头。在线下有国美、苏宁被媒体曝光对供应商“霸道”，在线上可能也有不少中小企业开始感到淘宝、京东等主流电商平台条件同样越来越严苛，对于小型企业和家庭式的网店店主来讲，他们暂时还不能强烈反抗，只能忍受。但对于有一定规模的企业来讲，是不是可以考虑一下在沉默中爆发——打造“自有电商平台”呢？

自有电商平台的优势：

- 摆脱第三方平台的霸道和制约；
- 客户可信度高；
- 降低成本。

自有电商平台劣势：

- 平台流量低；
- 平台搭建对技术要求较高。

自有平台的搭建有利有弊，还需要结合企业自身情况，切勿盲目赌气赶潮流。

笔者混迹网络营销 6 年多，一直想自己开一个网店，卖什么都行，就是想体验一下当老板的感觉，但基于公司有“禁止从事第二职业”的明文规定，也就只能默默地羡慕、嫉妒、祝福那些网店店主们了。

去年，办公室里有一位高学历、高收入、高个子的女同事请假回家，期间，她寄回一盒新鲜苹果并附纸条一张：“亲，这是我在老家果园摘的新鲜苹果，昨天刚摘的，如果觉得好吃还想要，请猛击：www.xxx.taobao.com/×××”。半年过去了，这位“三高”女同事至今仍未有回公司上班的迹象……

第 4 章 互联网行业中那些让你瞬间“Bigger”的专业术语

A

AD:

即 advertisement，是“广告”的意思。

AE：

Account Executive，指在广告公司中执行广告业务的具体负责人。

AM：

Account Manager，在广告公司中称之为客户经理。

B

Banner：

常指网页上的横幅广告。

BBS：

简单地说就是社区、论坛。

Browser：

即浏览器。

Button：

按钮。

B2B：

Business To Business，指进行网上交易的买家与卖家双方均为商家的电子商务模式。

B2C：

Business to Customer，企业或商家与消费者在网上直接交易的电子商务模式。

BLOG：

网络日志，全称为 WEBLOG，后来缩写为 BLOG，即博客。

C

CPM：

Cost Per Impressions，千人广告成本，指的是广告展现 1000 人次花费成本，常用于互联网广告报价中。

CPT:

Cost Per Try，按照用户使用时长计费，是一种网络广告报价方式。

CPTM:

Cost per Targeted Thousand Impressions，定位用户千次印象费用，指目标用户的千次印象费用，用于精准广告中。

CPC：

Cost Per Click，Cost Per Thousand Click-Through，每个点击成本，即网民点击一次广告，广告主应承担的费用，是一种按点击收费的网络广告计费方式。

CPA：

Cost Per Action，每行动成本，指按广告投放实际效果进行付费，即业内常说的“按效果付费”，这里的“A”常常由于广告主的要求不同而不同。

CPP:

Cost Per Purchase，每购买成本，即按照实际购买付费的广告计费方式。

CPS:

Cost Per Sales，即按销量付费，基本上与 CPP 含义相同。

Case By Case：

逐项具体分析。广告行业常说的“一单一单”的意思。

Cookies：

网民浏览网站时，Web 服务器在用户硬盘上放置一个文本文件，用来记录用户 ID、密码、浏览网页、停留的时间等私密信息。

C2C：

Customer to Customer，个人与个人之间发生交易或推荐的一种电子商务。

C2B：

Customer to Business，即消费者对企业的一种电子商务模式，例如消费者向商家提出定制产品需求。

CEO：

Chief Executive Officer，即首席执行官。

CMO：

Chief Marketing Officer，中文翻译为“首席市场官”或“首席营销官”，国内企业多称为市场总监或营销总监，是市场营销工作的最高决策者。

COO：

Chief Operating Officer，首席运营官，负责监督管理企业日常运营的高阶官员，辅助 CEO 工作。

CFO：

Chief Finance Officer，首席财务官或称之为财务总监。

D

DEMO：

Demonstration，即“示范”“样片”“样稿”的意思。

DATEBASE：

即数据库。

E

EDM：

E-mail Direct Marketing，也即电子邮件营销。

F

Flash：

即动画，常用于动画片或网络广告表现形式。

Forcast：

根据现有内容来对后期结果进行预测。

FAQ：

Frequently Asked Questions，即常见问题解答。

G

GIF：

一种图片文件格式，常见的图片格式还有 JPG、PNG 等，而 GIF 图片格式除了可以是静态的，也可以是动态的，例如 GIF 动画图片。

H

HTML：

超文本标记语言，是一种网页编写规范。

I

IP 地址：

Internet Protocol（网络之间互联的协议），每台电脑会有唯一的一组 IP 地址，IP 地址在广告行业中常用于精准、定向广告中。

ISP：

Internet Service Provider，互联网服务提供商，即我们常说的运营商。

IM：

Instant Messenger，即时通信。

J

JPG：

全名是 JPEG，是一种比较常见的图片格式。

K

KPI:

Key Performance Indicator，被称为关键绩效指标或关键业绩指标。

Keywords：

又叫关键词、关键字。

KOL:

Key Opinion Leader，关键意见领袖，例如网络“大 V”。

L

Logo：

Logo 是徽标或者商标的英文缩写。

M

Minisete：

互联网行业内称之为活动页面或落地页。

O

O2O：

Online To Offline，将线下商务的机会与互联网结合在一起，让互联网成为线下交易的前台，是一种电子商务营销模式。例如大众点评等团购网站的线上购买，线下消费的模式就是典型的 O2O 模式。

Online：

即计算机在线、联机，在网上的意思。

P

PV：

Page View，即页面浏览量，业内俗称曝光量。

P2P：

Peer to Peer，对等网络，通过直接交换来共享计算机资源与服务，例如 PPTV、PPLIVE 等这种视频网站使用的技术便是 P2P 技术。

R

ROI:

Return On Investment，投资回报率，业内俗称转化率。

RSS：

RSS 是站点用来和其他站点之间共享内容的一种简易方式（也叫聚合内容），通常被用于新闻和其他按顺序排列的网站，例如 BLOG。

Rich Media：

Rich Media 是指使用浏览器插件或其他脚本语言、Java 语言等编写的具有复杂视觉效果和交互功能的网络广告。业内俗称富媒体广告。

Reach：

到达率，对于报刊杂志来说就是发行量，对于电视或广播来说就是收视（听）率，在网站上，便是访问量。

RPG：

Role-Playing Game，角色扮演游戏，常用于互动营销领域。

S

Search Engine：

即搜索引擎。

SNS：

Social Networking Services，社会性网络服务是一个平台，建立人与人之间的社会网络或社会关系的连接，例如开心网等，便是早期的 SNS 类网站，微博也算是 SNS 的一种延伸产物。

Spider：

业内称为爬虫或蜘蛛，用来抓取网页内容的工具，例如百度的搜索蜘蛛。

SEO：

Search Engine Optimization，搜索引擎优化。SEO 是一种利用搜索引擎的搜索规则来提高目前网站在有关搜索引擎内排名的方式。

SEM：

Search Engine Marketing，中文意思为搜索引擎营销。

Slogan：

广告行业常用的英文词汇，口号、宣言的意思。

T

Title：

标题。业内也常常将其用作某个人的岗位职务。

U

UV:

Unique Visitor，指独立访客访问数，一台电脑终端为一个访客。

URL：

Uniform Resource Locator，统一资源定位符，通俗一点说就是网页链接地址。

UI：

User Interface，用户界面。UI 设计则是指对软件的人机交互、操作逻辑、界面美观等的整体设计。

UGC：

User Generated Content，用户将自己原创的内容通过互联网平台进行展示或者提供给其他用户，例如优酷、土豆等视频网站便是 UGC 模式的网站。

UGA：

一种用户参与广告制作和传播的营销模式。例如视频网站常常举办某一广告主题的视频征集活动，网友根据活动要求制作相应视频上传分享，这便是一种常见的 UGA 模式。

V

VV:

Video View，视频播放量。

W

Web：

简单说就是网页。

第 5 章

后记——写书不易，且看且珍惜

笔者在不知不觉中，洋洋洒洒（自夸一下 ）写了十几万字，是时候收尾了。

这是笔者第一次写书，但也真的感到身心俱疲，所以这可能也是笔者最后一次干这种“傻事”了（别多想，笔者会好好活着）。不管读者如获至宝学到东西也好，还是无法苟同尽情“吐槽”也罢，重要的是笔者终于写完了，最后赋诗一首，与自己共勉：

你只看到我的文章，却不了解我的心酸

你想学习网络营销手段，我便写本书来表达观点

你走遍书店翻来翻去寻找属于你的书刊，我熬夜加班用尽网络语言期待你能回眸一看

你万不可轻视本书语言看似荒诞，我发誓这些一定都是笔者亲自实践

营销注定是孤独的旅行，路上少不了质疑和嘲笑

但那又怎样

哪怕遍体鳞伤，也要尽情绽放

我是笔者，我为自己代言！

不要迷恋哥，哥只是一个传说……